IL MILIONE

DI

MARCO POLO

adapted as a beginning reader

Giuseppe Abiuso   Elaine Abiuso
Michele Giglio   Fenisia Giglio

Consulting Editor, Constance Barbantini

National Textbook Company
NTC a division of *NTC Publishing Group* • Lincolnwood, Illinois USA

1996 Printing

Published by National Textbook Company, a division of NTC Publishing Group.
©1977 by NTC Publishing Group, 4255 West Touhy Avenue,
Lincolnwood (Chicago), Illinois 60646-1975 U.S.A.

6 7 8 9 0 ML 9 8 7 6 5

CONTENTS

iv

INTRODUCTION

This edition of *Il Milione di Marco Polo* has been adapted for beginning students of Italian. The authors have simplified the original language while maintaining the spirit of adventure and discovery of this Italian classic.

Skill in reading a foreign language is greatly improved if the student has a sound basic knowledge of key words and phrases. In adapting *Il Milione,* the authors restricted vocabulary to words of high frequency; the present, perfect, and future tenses are used extensively. Approximately 1200 words make up the vocabulary range of this literary adaptation. A list of idioms with English definitions precedes each chapter. For quick and easy reference, a master Italian-English vocabulary is included at the back of the book.

The episodes in the original story have been retained to capture the imaginations of beginning students of Italian. In the words of the great authority on Italian literature, Francesco Flora: "I Viaggi di Marco Polo sono tra i libri miliari della nostra letteratura, da porre accanto ai Fioretti o alla Vita di Cellini: un libro che meriterebbe d'essere più popolare che non sia: per la forza umana che rappresenta del gran viaggiatore o anzi del cercatore: per lo straordinario e diremmo l'eroico carattere di quei viaggi, d'un europeo in Oriente, in un tempo in cui le distanze si misurano a giorni e a mesi ed anni sul passo dei cavalli e il moto dei remi e della vela; per il sentimento nativamente orgoglioso e perciò calmo con cui Marco racconta, sentendo degne di memoria le cose che ha viste e l'uomo che seppe vedere; ma dissimulando le immense fatiche e i disagi e i pericoli. . . .''

Simple exercises on the text of each chapter have been introduced with their corresponding answer keys that begin on page 72. Thus, the book has greater flexibility for use with beginning students since the answers serve as immediate reinforcement whether in class as an oral or written activity or at home as independent study. The variety of exercises serves to measure reading comprehension, skill, and proficiency in Italian, and to reinforce vocabulary. Students complete exercises such as supplying short answers in Italian and/or English; unscrambling letters to form an Italian word and then writing the definition; changing verbs from one tense to another; writing short descriptions; matching a word to its correct article; answering *si* or *no* to statements about the text; and completing a crossword puzzle.

Teachers and students alike, who read and enjoy *Il Milione,* will also be captivated by the adaptation of Carlo Collodi's masterpiece *Le avventure di Pinocchio* that is listed in the back of this text with other Italian readers published by National Textbook Company.

G. L. ABIUSO — M. GIGLIO

PROLOGO

MARCO POLO NELLE PRIGIONI GENOVESI COME È NATO "IL MILIONE"

IDIOMATIC EXPRESSIONS

una volta per sempre—once and for all
tra di loro—with each other—among them
ha cinquantaquattro anni—he is 54 years old

Nel 1298, Genova, grande nemica di Venezia, prepara una grande flotta di navi e di soldati.

Genova vuole distruggere Venezia *una volta per sempre.*

Le due Repubbliche Marinare combattono da cento anni per il dominio del Mare Mediterraneo. La battaglia tra le due flotte comincia vicino l'isola di Curzola.

Marco Polo, un nobile veneziano, è il comandante di una nave veneziana. Le navi veneziane hanno il vento contrario e non riescono a mantenere la formazione di battaglia.

Verso sera la battaglia è decisa. I genovesi affondano 65 navi veneziane e fanno 7000 prigionieri; *tra di loro* c'è anche Marco Polo che *ha cinquantaquattro anni.*

La prigione genovese è buia e umida. Marco non soffre molto perchè è libero di girare e parlare con gli altri prigionieri. Ogni sera Marco racconta le sue avventure nella terra dei Tartari.

Tra i prigionieri c'è uno scrittore, Rustichello da Pisa. Egli ascolta attentamente le parole di Marco, poi un giorno domanda al nobile veneziano:—Dimmi Marco, è vero che nella terra dei Tartari ci sono persone che mangiano carne umana, che puoi trovare oro nei fiumi, che gli alberi producono vino e farina, che le pietre bruciano e i fuochi non danno calore?

—Verissimo,—risponde Marco.

—Perché allora non racconti queste meraviglie in un libro?— domanda Rustichello.

—Non sono uno scrittore—risponde Marco.

—Io sono uno scrittore—dice Rustichello.—Insieme possiamo scrivere un libro; tu detti e io scrivo.

—Ottima idea, Rustichello—risponde Marco.—Cominciamo subito a lavorare.—

Cosi è nato "Il Milione", la storia che adesso vi raccontiamo.

MARCO POLO'S TREASURE CHEST

Rispondete in italiano:—

1. Perché Genova prepara una grande flotta di navi e di soldati?
2. Quali sono le due Repubbliche Marinare?
3. Perché le due Repubbliche Marinare combattono da cento anni?
4. Chi comanda una nave veneziana?

5. Chi vince la battaglia?
6. Descrivete la prigione genovese.
7. Che fa Marco ogni sera?
8. Che c'è nella terra dei Tartari?
9. Perché Marco non scrive un libro?
10. Come è nato "Il Milione"?

1. Vuole distruggere Venezia una volta per sempre.
2. Genova e Venezia
3. Combattono da centro anni per il dominio del Mare Mediterraneo
4. Marco Polo
5. Genova
6. buia è umida
7. racconta le sue avventure
8. Ci sono persone che mangiano carne umana, che puoi trovare oro nei fiumi, che gli alberi producono vino e farina, che le pietre bruciano e i fuochi non danno calore
9. non è un scrittore
10. Marco detta e Rustichello

ix

CAPITOLO 1

LA STORIA DI MARCO POLO

IDIOMATIC EXPRESSIONS

per ragioni di commercio—for business reasons
il viaggio di ritorno—the return journey
ha quindici anni—he is 15 years old
da soli—alone
prima di partire—before leaving

Quando Marco Polo va in Cina ha diciassette anni. Diventa uomo attraverso molte avventure e grandi pericoli.

Viaggia nelle terre del Gran Khan per settemila chilometri.

1

Ritornarà

Ritorna a Venezia venticinque anni dopo la sua partenza. Le memorie di questo viaggio meraviglioso formano il famoso libro "Il Milione". *formaranno*

I FRATELLI MATTEO E NICCOLÒ POLO

erano
I fratelli Polo, Matteo e Niccolò, sono a Bucara, città della Persia, *per ragioni di commercio*, quando un ambasciatore del signore di tutti i Tartari li invita alla reggia del Gran Khan. Il signore dei Tartari vuole sapere dai latini Polo chi è il Papa, *ha invitato* *voleva* *era* che cos'è la Chiesa Cattolica e altre notizie dei popoli occidentali. *era*

past

I fratelli Polo accettano l'invito e vanno alla corte del Gran Khan. Il viaggio per arrivare a Cambaluc, dov'è la corte del Gran Khan, dura un anno. I Polo restano molti anni alla corte del signore dei Tartari. Un giorno il Gran Khan dà un messaggio ai fratelli Polo per il Papa Clemente. In questa lettera il Gran Khan chiede al Papa di mandare alcuni missionari per convertire i Tartari, che sono pagani, alla religione cristiana. Il Gran Khan dà loro anche una piastra d'oro. Su questa piastra c'è scritto che tutti i popoli tartari devono aiutare i Polo durante *il viaggio di ritorno*.

Nel 1266 quindi, i fratelli Polo lasciano la corte tartara e dopo tre anni di avventure e fatiche arrivano a Acri. In questa città ricevono la notizia che il Papa Clemente è morto. Mentre aspettano l'elezione del nuovo Papa tornano a Venezia per rivedere le loro famiglie.

A Venezia, Niccolò conosce suo figlio Marco che *ha quindici anni*. La moglie è morta pochi anni prima.

Due anni dopo, i cardinali eleggono il buon Papa Gregorio. Il nuovo Papa chiama i due mercanti veneziani, risponde al Gran Khan e manda due famosi missionari con i fratelli Polo. Anche Marco parte con suo padre per andare alla corte del Gran Khan.

Quando arrivano a Laiazzo, i due missionari molto stanchi decidono di ritornare in patria, perché c'è una guerra nella regione e il viaggio è molto faticoso. I Polo decidono di con-

2

tinuare *da soli* il viaggio verso la capitale della Cina. Ma *prima di partire* devono trovare cammelli, cavalli e carovanieri perché il viaggio attraverso le alte montagne e i deserti dell'Asia è lungo e faticoso.

MARCO POLO'S TREASURE CHEST

(*a*) *Rispondete in italiano:*—
1. Quanto dura il viaggio di Marco Polo nelle terre del Gran Khan?
2. Perché i fratelli Polo sono a Bucara?
3. Chi invita i Polo alla reggia del Gran Khan?
4. Che cosa vuole sapere il Gran Khan?
5. Quanto tempo restano i Polo alla corte del signore dei Tártari?
6. Che chiede il Gran Khan al Papa?
7. Perché i fratelli Polo tornano a Venezia?
8. Chi c'è a Venezia? Dov'è la madre di Marco?
9. Perché i due missionari ritornano?
10. Perché Niccolò e Matteo Polo devono trovare cammelli, cavalli e carovanieri?

(*b*) *From the story, find the plural of these words, then write the meaning in English:*—

esempio: Singolare	Plurale
avventura	avventure
adventure	adventures
chilometro	chilometri
kilometre	kilometres

Anno, memoria, fratello, ragione, latino, altra, notizia, missionario, pagano, popolo, fatica, avventura, famiglia, mercante, famoso, cammello, cavallo, carovaniere, montagna, deserto.

CAPITOLO 2

IL MEDIO ORIENTE E L'ASIA CENTRALE.
LA STORIA DEL TESORO DEL CALIFFO

manda a chiamare—he sends for

I tre Polo organizzano una carovana e vanno prima a
Gerusalemme e poi verso la Piccola Armenia. I cammelli della
carovana camminano lentamente. Marco ha un bel cavallo
bianco.

Dalla Piccola Armenia i Polo prendono la via commerciale

che va nell'interno dell'Asia. Marco ammira le fabbriche dei tappeti e della seta. Quando arrivano nella Grande Armenia Marco vede la grande montagna d'Ararat. Là c'è ancora l'Arca di Noè.

La carovana attraversa le pericolose montagne della Georgia e arriva nella bellissima città di Bagdad. Il fiume Tigri divide Bagdad. Mentre i Polo riposano e ammirano le meraviglie di questa città, un arabo racconta loro la storia del Tesoro del Califfo.

Nel 1255, Hulagu, principe tartaro, raduna un grande esercito e conquista Bagdad. Quando entra nella città, trova una torre piena d'oro, d'argento e di gioielli. È la prima volta che il principe Hulagu vede tante ricchezze.

Allora *manda a chiamare* il Califfo della città e gli domanda:—Califfo, come hai accumulato tante ricchezze?—

Ma il Califfo non risponde perché è molto avaro.

—Califfo, perché non hai usato il tuo tesoro per difendere Bagdad?—

Anche questa volta l'avaro Califfo non risponde. Allora Hulagu dice:

—Califfo, sei molto avaro e ami molto il denaro. Ti lascio tutte queste ricchezze, ma devi mangiare e bere il tuo oro.—

Così il principe Hulagu chiude il Califfo nella torre del tesoro. Dopo alcuni giorni, il Califfo muore di fame e di sete circondato dal suo grande tesoro. Da quel giorno Bagdad rimane sotto il dominio dei Tartari.

MARCO POLO'S TREASURE CHEST

(a) *Rispondete in italiano:*—
1. Dove vanno i Polo con la carovana?
2. Che cosa ha Marco?
3. Che cosa ammira Marco?
4. Che cosa divide Bagdad?
5. Chi conquista Bagdad nel 1255?
6. Descrivete le ricchezze della città.
7. Descrivete il Califfo.

8. Che deve fare l'avaro Califfo?
9. Che fa il principe Hulagu?
10. Che succede all'avaro Califfo?

(b) *Write the appropriate form of the Italian word for "the" (il, lo, i, la, etc.) before these words.*
via, cammelli, interno, fabbriche, seta, tappeti, montagna, arca, carovana, montagne, città, fiume, califfo, principe, tesoro, avaro, denaro, ricchezze, torre, Tartari.

CAPITOLO 3

IL MIRACOLO DELLA MONTAGNA

IDIOMATIC EXPRESSIONS

secondo il—according to
tanta . . . quanta—as much . . . as
tra dieci giorni—in ten days' time
va da lui—go to him
ad un tratto—suddenly

Dopo alcuni giorni di riposo, la carovana riparte da Bagdad e va verso la Persia. Gli animali camminano per cinquanta miglia in un solo giorno. È quasi l'ora del tramonto quando la

7

carovana si ferma ai piedi di una montagna. Vicino al pozzo dell'acqua c'è una grande croce di legno. Un vecchio mercante dice a Marco:

—Conosci la storia di questa croce e della montagna?—

—No,—risponde Marco—ma parla, ti ascolto—.

—Un Califfo di Bagdad odia molto i cristiani di questa città. Egli vuole convertire i cristiani alla religione di Maometto, oppure ucciderli tutti. Un giorno raduna tutti i cristiani davanti a questa montagna e dice:—*Secondo il* Vangelo, un cristiano che ha tanta fede quanta può stare in un chicco di senape, può chiedere a Dio di muovere una montagna.

Se siete veramente buoni cristiani, chiedete al vostro Dio di muovere la montagna; se *tra dieci giorni* essa è ancora al suo posto, voi non siete buoni cristiani, e dovete diventare maomettani. I miei soldati hanno l'ordine di uccidere tutti quelli che rifiutano di cambiare religione. Ora andate e tornate *tra dieci giorni.*

I cristiani tornano a casa e pregano per sette giorni e sette notti. Durante l'ottava notte un angelo visita il vescovo e gli dice:

—Tra voi c'è un povero falegname. Quest'uomo è molto religioso e divide il suo pane coi poveri della città. *Va da lui* e digli di costruire una croce di legno. Al decimo giorno portate la croce davanti alla montagna e pregate Dio per il miracolo.—

Il giorno dopo il vescovo ripete le parole dell'angelo al falegname. Il povero uomo lavora giorno e notte e all'alba del decimo giorno finisce la croce. I cristiani pieni di speranza tornano davanti alla montagna e portano in processione la croce di Cristo. Nella valle tutti i cristiani si inginocchiano davanti alla croce e pregano.

Il Califfo con i suoi soldati aspetta la fine della giornata. È pronto ad uccidere tutti i cristiani. Ma ad un tratto la montagna trema, i massi rotolano nella valle e formano una nuova montagna. Il miracolo è fatto. Quando il Califfo e i suoi soldati vedono il miracolo lasciano la religione di Maometto e diventano cristiani.

(*a*) *Rispondete in italiano:*—

1. Dopo alcuni giorni dove va la carovana?
2. Chi odia molto i cristiani?
3. Che vuol fare il Califfo di Bagdad?
4. Chi può domandare a Dio di muovere una montagna?
5. Che ordine hanno i soldati del Califfo?
6. Dopo quanti giorni un angelo visita il vescovo?
7. Che deve fare il povero falegname?
8. A che cosa è pronto il Califfo?
9. Ad un tratto che fa la montagna?
10. Che fanno il Califfo e i suoi soldati quando vedono il miracolo?

(*b*) *From the story, find the appropriate form of the Italian word for "a" for each of these words. Then write the English:*

e.g. *un* califfo, a caliph

. . califfo, . . giorno, . . cristiano, . . chicco, . . montagna, . . angelo, . . falegname, . . processione, . . mercante, . . croce.

9

CAPITOLO 4

I RE MAGI

IDIOMATIC EXPRESSIONS

tre giorni di cammino—three days' journey
entra per primo—(he) is the first to enter
identico a lui—just like him
gettiamola—let's throw it
prima di lasciare—before leaving

La carovana dei Polo continua il viaggio e arriva nella bella
città di Tabriz. In questa città Marco vede il grande mercato

dei drappi di seta, dell'oro e delle perle. Da Tabriz i viaggiatori entrano in Persia.

Dopo *tre giorni di cammino*, i Polo arrivano al castello di Cala Ataperistan, che vuol dire "castello degli adoratori del fuoco". Infatti gli abitanti di questa regione adorano un fuoco sacro. Il fuoco è sempre acceso nel tempio del castello dove sono le tombe di tre famosi re di quella regione. Un sacerdote, guardiano del fuoco, racconta a Marco la storia dei tre re e del fuoco sacro.

I tre re sono grandi astrologhi. Un giorno guardano le stelle e capiscono che è nato un nuovo profeta in un paese lontano.

Essi partono per conoscere il bambino e portano con loro tre doni: la mirra, l'oro e l'incenso. I tre re vogliono scoprire chi è il bambino. Se accetta l'oro, è un re; se accetta l'incenso, è una persona eterna; se accetta la mirra, è un dio.

Dopo un lungo viaggio, i tre arrivano a Betlemme davanti a una grotta. Il re più giovane *entra per primo* nella grotta. Ma invece del bambino, vede un uomo *identico a lui* che rifiuta il suo dono. Anche il secondo re entra nella grotta e vede un uomo *identico a lui*. La stessa cosa vede il terzo re. Infine, i tre re decidono di entrare insieme nella grotta e questa volta vedono il più bel bambino del mondo. I tre re sono molto commossi e danno i doni al bambino. Il bambino accetta i tre doni e dà loro una scatoletta.

Durante *il viaggio di ritorno* i re si fermano in un' oasi. Aprono la scatoletta e trovano una piccola pietra.

—Cosa facciamo con questa pietra?—domanda uno dei re.

—*Gettiamola* nel pozzo dell'oasi,—dice il re più giovane,—e getta la pietra nel pozzo.

Subito, una grande fiamma rossa si alza nel cielo. I tre re si inginocchiano e pregano. Dopo la preghiera il re più saggio spiega il significato del fuoco:

—La fiamma significa l'ardore della fede.—

Prima di lasciare il pozzo ardente i tre re prendono un po' di quel fuoco sacro a accendono una lampada nel tempio del castello. Questa lampada sacra arde ancora oggi.

11

Marco capisce che i tre re sono i re Magi del Vangelo, Baldassarre, Gasparre e Melchiorre, e il bambino è Gesù di Nazaret.

I Polo lasciano il tempio e la carovana riparte. Marco è molto commosso dalla storia del sacerdote e non osserva che il paesaggio dei dintorni è devastato. *Ad un tratto* sente un grido: —I Caraunas, i Caraunas!—

I Caraunas sono banditi che hanno un potere magico. Causano il buio per una settimana. Nel buio rubano tutto e fanno prigionieri i giovani. La banda di banditi attacca la carovana, ma nella confusione i Polo fuggono.

MARCO POLO'S TREASURE CHEST

(*a*) *Rispondete bene a queste domande:—*

1. Descrivete i drappi del mercato di Tabriz.
2. Come si chiama il castello degli adoratori del fuoco?
3. Perché i tre re guardano le stelle?
4. Cosa capiscono un giorno i tre re?
5. Che doni portano al bambino?
6. Che vogliono scoprire con questi doni?
7. Quanti doni accetta il bambino?
8. Che dono dà il bambino ai tre re?
9. Qual'è il significato del fuoco?
10. Cosa capisce Marco alla fine della storia?
11. Chi sono i Caraunas?
12. Cosa fanno i Caraunas? Perché?

(*b*) *This is a long sentence, isn't it? Of course it does not make sense because there are no periods or commas. Write it out properly to tell the story.*

1. Marcoascoltalastoriadeire Magiedelfuocosacroire Magisonograndiastrologhicheguardanolestelleungiornocapisconocheènatounnuovoprofeta.

12

2. Partonopervisitareilbambinoportanotredonilamirraloroeli-
ncensoilbambinoprofetaèGesùdiNazaret.

(c) *Make a few drawings to illustrate this chapter and label your drawings in Italian.*

CAPITOLO 5

IL VECCHIO DELLA MONTAGNA

IDIOMATIC EXPRESSIONS

fa così caldo che—it is so hot that
ogni tanto—every now and then
una bevanda che fa dormire—a sleeping drug

Dopo sette giornate di cammino la carovana arriva a
Cormosa. Questa città è sull'Oceano Indiano. Spesso in estate
fa così caldo che gli abitanti rimangono nell'acqua tutto il
giorno. La gente di questa città mangia solamente pesce e
frutta ed è molto robusta.

14

Dopo Cormosa c'è Tumocain. Da Tumocain la carovana arriva nella provincia di Mulcete. In questa regione la gente racconta ancora la famosa e fantastica storia del Vecchio della Montagna.

Alaodin, questo è il nome del Vecchio, crea in una valle fra due montagne, il più bel giardino del mondo. Nel giardino ci sono palazzi incantati, tutti decorati d'oro. Fiumi di latte e di vino dolce scorrono tra gli alberi e i fiori.

Nel giardino c'è sempre il canto melodioso degli uccelli.

Il vento porta profumi fragranti. Belle ragazze camminano lungo i viali del giardino e cantano bellissime canzoni.

I Saraceni di questo paese considerano il giardino come il paradiso di Maometto. Nessuno, però, può entrare nel giardino. *Ogni tanto* il Vecchio della Montagna dà *una bevanda che fa dormire* a dei giovani coraggiosi. Quando i giovani dormono, i servi di Alaodin li portano nel giardino incantato. Alcuni giorni dopo i ragazzi si svegliano sulle rive dei fiumi di latte e vino dolce. Guardano intorno e pensano:—Siamo nel paradiso che Maometto promette dopo la morte—

Il Vecchio usa questi giovani per uccidere i suoi nemici. Quando vuole uccidere una persona, il Vecchio dà una bevanda magica a un giovane del giardino. Mentre il giovane dorme un servo lo porta fuori nel brutto castello del Vecchio.

Poi, il giovane si sveglia e vede Alaodin. Il Vecchio allora domanda:—Da dove vieni?—Il giovane risponde:—Vengo dal paradiso di Maometto, e voglio tornare laggiù, ma non so come fare—Il Vecchio gli dice:—Io sono il profeta Maometto. Se vuoi tornare nel mio giardino devi uccidere un mio nemico. Dopo devi morire anche tu.—

Il giovane accetta il triste compito per tornare nel giardino. In questo modo il Vecchio elimina il suo nemico e il giovane assassino. Così vive sicuro perché i morti non parlano.

Un giorno il re Hulagu, stanco della malvagità del Vecchio, raduna un forte esercito e attacca il castello di Alaodin. Dopo tre anni di assedio, Alaodin si arrende con tutti i suoi soldati, e il re Hulagu distrugge l'infernale paradiso di Alaodin.

(*a*) *Rispondete in italiano:*—
1. Dov'è la città di Cormosa?
2. Perché gli abitanti rimangono tutto il giorno nell'acqua?
3. Come si chiama il Vecchio della Montagna?
4. Descrivete il giardino di Alaodin?
5. Come considerano il giardino i Saraceni?
6. Chi può entrare nel giardino?
7. Quando Alaodin dà una bevanda magica ai giovani coraggiosi?
8. Che pensano i giovani quando si svegliano nel giardino?
9. Perché Alaodin vive sicuro?
10. Chi distrugge l'infernale paradiso del Vecchio della Montagna?

(*b*) *Here is a list of words which are the opposites of the words below. See if you can match them correctly, then translate all the words into English.*
esempio, vecchio—giovane; old—young
giovane, freddo, giorno, debole, brutto, paurosi, vita, inferno, amici, risposta, felice, amaro

vecchio . . . . ,	forte . . . . ;
caldo . . . . ;	paradiso . . . . ;
notte . . . . ;	triste . . . . ;
bello . . . . ;	domanda . . . . ;
coraggiosi . . . . ;	nemici . . . . ;
dolce . . . . ;	morte . . . . ;

16

CAPITOLO 6

IL MIRACOLO DELLA COLONNA SOSPESA
E GLI SPIRITI DEL DESERTO DI LOP

IDIOMATIC EXPRESSIONS

tra la meraviglia di—to the surprise of
abbiamo bisogno di—we need
si legano uno con l'altro—they tie themselves to each other

La carovana attraversa le più alte montagne del mondo. Per quaranta giorni la carovana non incontra nessuno. Alla fine della dura marcia arriva a Samarcanda, una delle più belle città dell'Asia. I Polo visitano il tempio cristiano di questa

17

città. Con grande meraviglia, i Polo notano che una delle colonne del tempio non ha la base.

Un vecchio mendicante si avvicina ai tre stranieri e dice:—Questo è un miracolo del Signore. Tutti in questa città conoscono la storia della colonna sospesa.—

—Racconta—dice Marco, e dà al povero vecchio una moneta d'oro. Tutto contento il vecchio mendicante comincia a raccontare. . . .

—Il re saraceno Giogatai, fratello del Gran Khan, diventa cristiano *tra la meraviglia dei* Saraceni di Samarcanda. I cristiani di questa città costruiscono una chiesa per celebrare l'evento. Giogatai regala ai cristiani un blocco di marmo, pietra sacra a Maometto. I Cristiani mettono il blocco di marmo sotto la colonna principale della chiesa.

Dopo la morte di Giogatai, i saraceni vanno nella chiesa e dicono ai sacerdoti cristiani:— Il profeta Maometto è offeso perché un oggetto sacro alla nostra religione è nella chiesa degli infedeli. Vogliamo indietro lo nostra pietra—Non possiamo togliere il blocco di marmo. Esso regge tutta la chiesa—rispondono i sacerdoti molto preoccupati.

—Non ci interessa se la vostra chiesa crolla. Vogliamo onorare il nostro profeta e *abbiamo bisogno della* pietra sacra. Siamo pronti anche ad usare la forza. Vi diamo dieci giorni di tempo.—

Dopo queste parole i cristiani non sanno cosa fare. I saraceni sono numerosi e bene armati. Il sommo sacerdote dice ai fedeli cristiani:—Fratelli, preghiamo, solo Dio può salvare la nostra chiesa con un miracolo.—

Al decimo giorno arrivano i saraceni e vanno in chiesa per rimuovere il blocco di marmo. Ma con grande sorpresa vedono che la colonna è sospesa in aria e il blocco di marmo è libero. Così i Saraceni prendono la pietra senza danneggiare la chiesa.

Dopo Samarcanda la carovana passa attraverso altre città famose e infine arriva a Lop. Questa bellissima città è proprio all'entrata di un grande deserto. Tutte le persone che vogliono attraversare il deserto di Lop riposano nella città per alcuni giorni. Questo riposo è necessario perché il viaggio attraverso il deserto può durare molti mesi.

Il deserto ha ventotto oasi con acqua dove le carovane possono riposare. Il più grande pericolo del deserto non è soltanto il caldo o la scarsezza d'acqua, ma sono le voci degli spiriti della desolazione. Questi spiriti seguono le carovane e chiamano i nomi delle persone.

Molti carovanieri perdono le tracce dei compagni e muoiono di sete perché lasciano la pista dei cammelli e seguono le false indicazioni degli spiriti della desolazione. Per non perdere la via i carovanieri *si legano uno con l'altro*, e cosí attraversano il deserto senza perdersi.

MARCO POLO'S TREASURE CHEST

(*a*) *Rispondete in italiano:*—
1. Quanto dura il viaggio fino a Samarcanda? 4 giorni
2. In quale tempio i Polo notano che una delle colonne non ha la base?
3. Chi racconta ai Polo il miracolo della colonna sospesa?
4. Chi diventa cristiano a Samarcanda?
5. Come i cristiani celebrano l'evento?
6. Che regala Giogatai ai cristiani?
7. Dopo la morte di Giogatai, perché i saraceni vogliono indietro il blocco di marmo?
8. Perché i saraceni non possono togliere il blocco di marmo?
9. Quanto tempo hanno i cristiani per salvare la chiesa?
10. Chi salva la chiesa? Come?

(*b*) *Sentence completion*
Complete the statement in column A by finding the correct matching statement in column B.

19

A.	B.
1. Dopo Samarcanda, la carovana arriva a	1. il caldo, la scarsezza d'acqua, e le voci degli spiriti.
2. Questa città molto bella è	2. per non perdere la via.
3. Le persone prima di attraversare il deserto .	3. altre città molto famose.
4. I pericoli del deserto sono	4. Lop, una città molto bella.
5. Molti carovanieri lasciano le piste dei cammelli	5. piena di giganti e ladri.
	6. si legano uno con l'altro.
6. Per attraversare il deserto senza pericoli	7. all'entrata di un grande deserto.
	8. riposano nella città di Lop.
	9. perché gli spiriti chiamano i nomi delle persone.

Wed →

CAPITOLO 7

GENGIS KHAN E LA STORIA DEI TARTARI

IDIOMATIC EXPRESSIONS

non credono ai loro occhi—They can hardly believe their
eyes
prima di arrivare a C.—before reaching C.
aveva paura di—he feared
piuttosto che—rather than
la faccio bruciare viva—I will have her burned alive

All'uscita del deserto i Polo passano per due magnifiche
città: Saciù e Suciù. In queste città ci sono palazzi splendenti,
giardini fioriti e laghi artificiali. Alla vista di tanta bellezza,

21

dopo la lunga marcia nel deserto, I Polo *non credono ai loro occhi*. Un carovaniere dice a Marco:—Vedrete meraviglie ancora piu grandi a Campciù, la capitale del Tangut.—

Quando arrivano in questa città, Matteo Polo propone di riposare un anno *prima di arrivare* a Cambaluc. La carovana ha viaggiato per due anni e tutti vogliono riposare.

Durante il viaggio, Marco Polo ha imparato la lingua dei Mongoli e può parlare liberamente con i cittadini di Campciù.

Parlando con i cittadini di Campciù, Marco impara anche la storia di Gengis Khan, primo re tartaro, e del suo popolo, i Tartari.

La prima residenza dei Tartari è stata Caracoran, in mezzo al deserto. Però i Tartari non sono nativi di questa regione, vengono dalle pianure della Manciuria. Sono fuggiti dal dominio del potente re Prete Gianni.

Prete Gianni voleva eliminare tutti i Tartari perché *aveva paura* di una ribellione. Quando i Tartari hanno capito le intenzioni di Prete Gianni, sono fuggiti tutti insieme nel deserto vicino alla città di Caracoran. Prete Gianni così non ha potuto punire i Tartari che vivevano nel deserto senza dare tributi a nessuno.

Nel 1182, i Tartari eleggono re Gengis Khan. Il primo re dei Tartari è molto coraggioso e molto intelligente. Egli organizza una grande armata e conquista nuove terre.

Tutti i popoli conquistati da Gengis Khan rimangono fedeli al re tartaro perché egli è giusto e buono. Infatti, i popoli conquistati possono mantenere la loro religione e i costumi tradizionali. Questi popoli pagano solo le tasse al governatore.

Nel 1200 Gengis Khan è abbastanza forte e pensa di conquistare il mondo. Prima però deve eliminare Prete Gianni, il più potente dei suoi nemici. Prete Gianni ha una bella figlia. Gengis Khan pensa di sposare la figlia del suo nemico, per evitare la guerra.

Allora manda un messaggero alla corte del suo nemico per manifestare le sue intenzioni. Prete Gianni è offeso dalla richiesta e manda questa risposta a Gengis Khan:—*Piuttosto che* dare mia figlia a un traditore *la faccio bruciare viva.* Poi, se prendo Gengis Khan, brucio vivo anche lui perché è un servo sleale.

Molto offeso dalla risposta Gengis Khan dichiara guerra a Prete Gianni. Nella grande pianura di Tanduc vicino a Campciù, i due grandi eserciti cominciano la battaglia. Prete Gianni è molto sicuro della vittoria e vuole eliminare i Tartari *una volta per sempre.*

La battaglia è dura e crudele. I due eserciti perdono molti valorosi soldati. Alla fine Prete Gianni perde non soltanto la guerra e il suo regno, ma anche la vita.

MARCO POLO'S TREASURE CHEST

(*a*) *Rispondete in italiano:—*
1. Descrivete le due città, Saciù e Suciù.
2. Perché tutti vogliono riposare?
3. Qual'è la terra nativa dei Tartari?
4. Chi voleva eliminare i Tartari? Perché?
5. Dove sono fuggiti i Tartari?
6. Chi è Gengis Khan?
7. Descrivete questo re.
8. Perché Gengis Khan vuole sposare la figlia di Prete Gianni?
9. Perché Gengis Khan dichiara guerra a Prete Gianni?
10. Che cosa perde Prete Gianni?

(*b*) *Rewrite this passage and put all the verbs in italics in the present perfect tense as shown in the examples.*
Esempio:
Marco Polo *impara* la lingua dei Mongoli.
Marco Polo *ha imparato* la lingua dei Mongoli.
La carovana *viaggia* per due anni.
La carovana *ha viaggiato* per due anni.
1. Gengis Khan *organizza* una grande armata.
2. Egli *conquista* nuove terre.

23

3. Il tartaro *pensa* di sposare la figlia di Prete Gianni.
4. Gengis Khan *manifesta* le sue intenzioni al suo nemico.
5. Egli *manda* un messaggero alla corte di Prete Gianni.
6. Prete Gianni *rifiuta* la richiesta.
7. Gengis Khan *dichiara* guerra a Prete Gianni.
8. I soldati Tartari *combattono* coraggiosamente.

CAPITOLO 8

ALCUNE USANZE DEI TARTARI

praticano la caccia e la guerra—(they) are occupied in
   hunting and warfare
fanno del commercio—go in for buying and selling
ai suoi comandi—under his command
e così via—and so on
la combinazione dei matrimoni—the arrangement of mar-
   riages

I Tartari sono nomadi. D'inverno vivono nella valle e in
estate in alta montagna dove ci sono pascoli verdi per il

bestiame. Abitano in casette rotonde fatte di legno e feltro. Quando vogliono partire, possono smontare facilmente queste casette.

Gli uomini *praticano la caccia e la guerra*. Le donne lavorano a casa, ma *fanno* anche *del commercio*. I Tartari sono buoni arcieri e sono anche molto coraggiosi nelle battaglie. Resistono facilmente alla fatica e possono vivere più di un mese bevendo soltanto latte in polvere.

Quando è necessario i guerrieri tartari vivono anche del sangue dei loro cavalli, senza però uccidere l'animale. Tagliano una piccola vena nel collo del cavallo e succhiano il sangue che esce.

I Tartari ubbidiscono ai loro capi senza discutere, anche se l'ordine sembra sbagliato. Con un esercito così disciplinato e forte i Tartari possono conquistare molte terre. L'ordinamento dell'esercito tartaro è basato sul numero di dieci. Ogni centomila soldati c'è un capo supremo. *Ai suoi comandi* ci sono altri dieci capi che comandano diecimila soldati. Ogni capo di diecimila soldati comanda altri dieci capi di mille soldati e *così via* finchè ogni dieci tartari c'è un capo.

Un'usanza molto curiosa dei Tartari è *la combinazione dei matrimoni tra ragazzi morti*. Quando un ragazzo muore, il padre cerca tra la popolazione una famiglia con una ragazza morta. Spesso le due famiglie fanno un contratto di matrimonio per i due figli morti e li considerano marito e moglie. Poi bruciano il contratto di matrimonio così i due restano per sempre marito e moglie.

I Tartari sono molto severi con i criminali. Il furto di un oggetto di poco valore è punito con sette bastonate. Più aumenta il valore dell'oggetto rubato più aumentano le bastonate che il ladro riceve. La pena maggiore per questo crimine è di centosette bastonate. Poche persone sopravvivono dopo centosette bastonate.

Il furto di un cavallo è punito con la morte perché il cavallo è molto importante per la vita di un tartaro.

Anche il delitto è punito con la pena capitale. Però chi ferisce una persona deve ricevere sul suo corpo una ferita dello stesso tipo.

(a) *Rispondete in italiano:—*
1. Perché in estate i Tartari vivono in alta montagna?
2. Dove vivono d'inverno?
3. Come sono fatte le case dei Tartari?
4. Che fanno gli uomini? e le donne?
5. Perché l'esercito tartaro può conquistare molte terre?

(b) *Descrivete* in italiano, in poche parole *alcune usanze dei Tartari.*

(c) *Here is a list of adjectives. Which of them would you use to describe the Tartars?*
ubbidienti, coraggiosi, paurosi, superstiziosi, nomadi, industriosi, stupidi, intelligenti, forti, deboli, indisciplinati, severi, disordinati, ordinati.

(d) *Use the adjectives you selected in writing at least five original sentences in Italian.*

CAPITOLO 9

KHUBILAI IL GRAN KHAN, SEPOLTULTURA DEI KHAN—LA BATTAGLIA DI NAIAN

IDIOMATIC EXPRESSIONS

fino a—as far as, until
è costretto di nuovo alla guerra—he is again forced to go to
   war
marce forzate—forced marches
attacca di sorpresa—attacks suddenly
per non versare il sangue—not to shed the blood
prendono in giro—make fun of

Dopo la morte di Gengis Khan, hanno regnato altri cinque
Khan. Il Khan che regna al tempo di Marco Polo è il Gran

28

Khan. È chiamato Khubilai, che significa "il signore dei signori". Ha molte terre e domina su milioni di persone. È il più ricco imperatore del mondo. Per questo è chiamato "Gran Khan".

Quando un Khan moriva, era sepolto in una grotta dentro la montagna di Atai. Durante il funerale *fino ad* Atai, i guerrieri tartari uccidevano tutte le persone sulla strada.

—Sei fortunato—dicevano alla vittima—andrai a servire il tuo signore nell'altro mondo—. Anche le mogli e i figli del morto venivano uccisi. Khubilai ha eliminato questa crudele usanza.

Khubilai ama la pace, ma qualche volta deve difendere il suo impero. Prima ha combattuto contro altri principi tartari per conquistare il titolo di Khan. Poi è vissuto in pace *fino al* 1286. In questo anno il Gran Khan *è costretto di nuovo alla guerra.*

Naian, cugino dell'imperatore e governatore della Manciuria, ha radunato un grande esercito e marcia verso Cambaluc. Ma Khubilai conosce le intenzioni di Naian perché ha dei messaggeri molto veloci. Così prepara in gran segreto un esercito di cavalieri coraggiosi.

Poi, a *marce forzate*, arriva nella grande pianura dove i soldati di Naian sono accampati. All'alba l'esercito di Khubilai *attacca di sorpresa* l'accampamento di Naian. Il Gran Khan è seduto su una torre di legno sulla groppa di un elefante e guida i suoi soldati durante l'attacco.

L'esercito di Naian non resiste alla carica dei cavalieri e degli elefanti del Gran Khan. Verso sera i soldati di Naian fuggono. Naian è fatto prigioniero e poi ucciso *secondo l'usanza* dei Tartari. È messo in un tappeto e bastonato *fino alla* morte, *per non versare il sangue* di un principe della dinastia tartara.

Dopo la battaglia, i soldati di Khubilai, che sono di religione maomettana e buddista, *prendono in giro* i soldati prigionieri di Naian che sono cristiani:

—Perché la croce sulla bandiera di Naian non vi ha aiutato durante la battaglia?

29

Allora Khubilai interviene e dice ai soldati cristiani:
—Il vostro dio è buono e giusto, e vuole pace e giustizia. Naian
è un traditore e ha avuto la sorte che meritava.

MARCO POLO'S TREASURE CHEST

(a) *Rispondete in italiano:—*
 1. Chi è il Khan che regna al tempo di Marco Polo?
 2. Perché è chiamato "Gran Khan"?
 3. Descrivete la crudele usanza che Khubilai ha eliminato.
 4. Perché nel 1256 il Gran Khan è costretto alla guerra?
 5. Chi è Naian?
 6. Che cosa prepara in gran segreto il Gran Khan?
 7. Perché verso sera i soldati di Naian fuggono?
 8. Come è ucciso Naian?
 9. Di che religione erano i soldati di Khubilai? E quelli di
    Naian?
10. Perché la croce cristiana non ha aiutato Naian durante la
    battaglia?

(b) *Correctly punctuate the following passages. Be sure to
    use capital letters where needed.*
 1. al tempo di marco polo il khan che regna è il gran khan
    è chiamato khubilai che significa il signore dei signori è il
    piu ricco imperatore del mondo per questo è chiamato
    gran khan.
 2. naian governatore della manciuria è cugino del gran khan
    ha radunato un grande esercito contro khubilai e marcia
    verso cambaluc ma l'esercito di naian non resiste alla
    carica dei cavalieri e degli elefanti del gran khan.

CAPITOLO 10

MARCO POLO ARRIVA A CAMBALUC—IL PALAZZO DEL GRAN KHAN—LE FESTE DEI TARTARI

IDIOMATIC EXPRESSIONS

ricoperte di—covered with
a poca distanza da—a short distance from
più in alto/in basso—higher (up), lower (down)
vestiti a festa—magnificently dressed up
di pura razza—thoroughbred

31

Il viaggio da Campciù a Pechino sembra molto lungo a Marco. Il giovane veneziano è ansioso di conoscere il famoso Khubilai, signore dell'Oriente. Finalmente dopo tre lunghi anni, la carovana arriva a destinazione. Il Gran Khan ha mandato incontro ai viaggiatori una scorta di soldati.

Oggi a Cambaluc è festa. Il Gran Khan riceve i Polo nel suo magnifico palazzo. Il palazzo è molto grande. Le pareti delle stanze sono *ricoperte* d'oro e d'argento. I pavimenti e i soffitti sono di marmo bianco e rosa.

Il palazzo è situato nel mezzo di un quadrato di mura e castelli. Tra le mura e il palazzo ci sono giardini e alberi per molti chilometri. Animali di ogni specie vivono tra gli alberi. *A poca distanza dal* palazzo c'è una collina piena di alberi sempreverdi. Questa collina è chiamata "Il Monte Verde".

—Benvenuti a Cambaluc, nobili veneziani,—dice Khubilai ai Polo.—Oggi io e il mio popolo siamo felici perché siete tornati. Chi è quel giovane che avete portato con voi?

—Questo è mio figlio Marco, sire—dice Niccolò—È venuto con noi per conoscere l'Oriente e il signore dei Tartari.

—Benvenuto Marco,—dice il Gran Khan—sei un ragazzo coraggioso. Da oggi sarete tutti miei ospiti.

Il Gran Khan ha organizzato una festa in onore dei Polo. Nella grande sala del palazzo tutto è pronto per il pranzo. L'imperatore siede a una tavola *più in alto* di tutte le altre tavole. Così tutti gli invitati lo vedono. La prima moglie siede alla sua sinistra. *Più in basso*, a destra, ci sono le altre tre mogli e i figli. Ancora *più in basso* ci sono i nobili della corte, i parenti del Gran Khan e i Polo.

Tutti gli invitati hanno un posto assegnato e sanno dove sedere anche se ci sono migliaia di persone. Nel centro della sala c'è un recipiente d'oro alto cinque metri. In esso c'è il vino più delizioso del mondo. Il vino è servito in brocche d'oro. Gli invitati riempiono i bicchieri con mestoli d'oro.

Ci sono cento varietà di cibo squisito. Durante il pranzo, tra un cibo e l'altro, arrivano pagliacci, giocolieri, suonatori e cantanti. Così tutti mangiano e sono allegri.

Feste come questa sono molto frequenti a Cambaluc, ma due sono gli eventi più importanti: l'inizio del nuovo anno è il compleanno del Gran Khan. Nel giorno di capodanno è celebrata la "Bianca Festa". L'imperatore e tutti i sudditi indossano vestiti bianchi. I Tartari credono che il colore bianco porta buona fortuna. Durante il giorno nelle strade di Cambaluc c'è una parata di elefanti e di cammelli. Cinquemila elefanti e migliaia di cammelli passano davanti all'imperatore. Tutti gli animali sono *vestiti a festa*. È uno spettacolo indimenticabile.

Il giorno del suo compleanno il Gran Khan indossa un vestito d'oro. Anche i nobili indossano vestiti d'oro. L'imperatore riceve molti doni. Gli abitanti di Cambaluc regalano al Gran Khan diecimila cavalli bianchi di *pura razza*. Tutti i popoli dell'Oriente mandano ricchi doni a Khubilai. I cristiani, i saraceni e i buddisti, tutti pregano per la salute del Gran Khan nel giorno del suo compleanno.

MARCO POLO'S TREASURE CHEST

(*a*) *Rispondete in italiano:*—
1. Qual'è la destinazione dei Polo?
2. Marco, chi è ansioso di conoscere?
3. Dove il Gran Khan riceve i Polo?
4. Descrivete il magnifico palazzo del Gran Khan.
5. Perché il Gran Khan siede più in alto di tutti?
6. Cosa mangiano e bevono gli invitati?
7. Quante feste ci sono a Cambaluc?
8. Quali sono le feste più importanti?
9. Perché tutti indossano vestiti bianchi?
10. In quale giorno Khubilai e i nobili indossano vestiti d'oro?

(*b*) *Unscramble these words, then write their meaning in English:*—
gioigva, avoneig, masfoo, nzevienoa, nrgeois, etnroie, oaaanrcv, atseeniozdni, gigo, zopalaz, invanemtip, fitsfit, coiabn, sora, letsliac, ingiriad, berila, molchoitrie, mialain,

33

netom, erdev, soigagoroc, tfsae, otazzingroa, laas, lotova, rpnzao, cribcihei, nopnodaca, elpnonamoc.

CAPITOLO 11

LA MONETA, LE STRADE, I MESSAGGERI
E LA CARITÀ DEL GRAN KHAN

IDIOMATIC EXPRESSIONS

ha fatto (anche) costruire molte strade— (he) had (also) many roads built

a grande velocità—at high speed

lasciare via libera—to clear the road

Marco vive alla corte del Gran Khan e conosce meglio l'organizzazione della vita dei Tartari.

Nell'impero circola una moneta di carta. La banca del Gran

Khan fabbrica questa moneta. Ogni banconota porta il bollo della banca e nessuno può rifiutare questa moneta. La moneta è divisa in tre misure: piccola, media e grande.

I mercanti vanno alla banca e comprano la moneta di carta. Danno in cambio bestiame, oro, argento e perle. In questa maniera il Gran Khan ha raccolto un'enorme ricchezza. I mercanti trovano utile questa moneta perché è facile portarla in giro. Quando le monete di carta sono vecchie i mercanti vanno alla banca e le cambiano con banconote nuove. Questo sistema di scambio facilita molto il commercio.

Il Gran Khan *ha fatto anche costruire molte strade.* Queste strade arrivano in tutte le province dell'impero. Ogni venti-cinque miglia di strada ci sono alberghi dove viaggiatori e messaggeri riposano. Gli alberghi sono molto confortevoli e possono ospitare anche un gran signore. In tutto l'impero dei Tartari ci sono diecimila alberghi. Ogni albergo ha sempre quattrocento cavalli freschi. Con questo sistema è facile viaggiare e commerciare in tutto l'impero.

Il Gran Khan ha un sistema molto veloce per trasmettere e ricevere messaggi: le staffette. Le staffette sono uomini che vivono in casali. Ogni tre miglia di strada c'è un casale con staffette. Le staffette corrono *a grande velocità* da un casale all'altro e danno il messaggio a una staffetta fresca. Questi veloci messaggeri hanno una cintura di campanelli. Il suono dei campanelli va molto lontano e avvisa tutti di *lasciare via libera.* Le staffette viaggiano giorno e notte. In questa maniera il messaggio arriva a destinazione prima dei messaggeri a cavallo. Così, in un giorno, l'imperatore riceve notizie da cento miglia di distanza.

La maggior parte della popolazione dell'impero è povera. I poveri mangiano riso e bevono latte. I ricchi mangiano carne e bevono vino. Il vino è fatto col riso ed è molto dolce e forte.

Per uso domestico, i Tartari bruciano delle pietre nere invece della legna. Queste pietre mantengono il calore per lungo tempo. Infatti il carbone era usato in Cina da molti secoli.

Quando c'è una calamità come l'alluvione o la siccità, la popolazione colpita non paga tasse. Anzi, il Gran Khan manda carne e riso alle popolazioni colpite.

In città, il Gran Khan dà pane e riso a tutti i poveri. Per questa grande bontà, il popolo adora il Gran Khan come un dio.

MARCO POLO'S TREASURE CHEST

(a) *Rispondete in italiano:—*
1. Che fa Marco Polo alla corte del Gran Khan?
2. Quale sistema facilita molto il commercio nell'Oriente?
3. In quante misure è divisa la moneta?
4. Che danno i mercanti in cambio per le banconote?
5. Con quale sistema è facile viaggiare e commerciare in tutto l'impero del Gran Khan?
6. Descrivete gli alberghi.
7. Che cosa sono le staffette?
8. Come portano i messaggi?
9. Cosa bruciano i Tartari per uso domestico invece della legna?
10. Perché il popolo adora il Gran Khan come un dio?

(b) **Unscramble the following sentences.**
1. Khubilai il Cina le inventa in Khan banconote Gran.
2. carta di banconote le misure sono tre monete in divise.
3. alla moneta del comprano i carta di banca Gran mercanti questa Khan.
4. commercio per banconote usano le mercanti i il.
5. trasmette staffette messaggi e riceve Khan il con le Gran.
6. veloci i corrono che uomini sono molto le per portare staffette messaggi.

CAPITOLO 12

MARCO POLO AMBASCIATORE DEL GRAN KHAN—LA STORIA DI RE ORO

IDIOMATIC EXPRESSIONS

ben presto—in a fairly short time
ha fatto costruire il castello di Caincin—had the castle of
Caincin built
resiste all'assedio—resists the siege

Ben presto il Gran Khan apprezza le buone qualità di Marco Polo, e lo nomina ambasciatore. Nella sua prima missione Marco va nel regno di Taianfù. Questa è una regione industriale. Produce quasi tutto il vino e la seta del Catai. La capitale Pianfù è il centro commerciale del regno.

Vicino a Pianfù c'è il famoso castello di Caincin. Nel castello c'è una sala decorata d'oro. Nella sala ci sono molti quadri di re famosi. Questi re hanno governato il regno di Taianfù nel passato. *Re Oro ha fatta costruire il castello di Caincin* durante il suo regno. Visitando il castello, Marco Polo ha imparato la storia di Re Oro e di Prete Gianni.

Prete Gianni odiava Re Oro. Un giorno decide di punire il suo nemico e manda un esercito a conquistare le sue terre. Nel castello di Caincin, Re Oro *resiste all'assedio.* Alla fine Prete Gianni abbandona l'impresa e torna nelle sue terre. Prete Gianni è molto triste. Per la prima volta un nemico ha *resistito* al suo esercito.

Un giorno, sette giovani soldati vanno da Prete Gianni e dicono:—Sire, andiamo a catturare Re Oro, dopo lo porteremo vivo alla tua corte—Prete Gianni, pieno di speranza risponde:—Fedeli soldati, portate qui Re Oro e io vi darò molti ricchi doni.

I sette giovani soldati vanno alla corte di Re Oro e parlano col potente sovrano:

—Sire, noi vogliamo essere vostri servitori. Voi siete molto buono con i giovani.

Infatti Re Oro è un uomo molto saggio, e ama i giovani. È sempre circondato da giovani perché la gioventù è allegra ed egli vuole essere felice. Per questo motivo accetta i sette giovani alla sua corte. I sette giovani servono Re Oro per due anni. Essi sono così virtuosi che Re Oro li tratta come figli. Non immagina che sono traditori.

Un giorno, i sette giovani e Re Oro cavalcano lungo la riva di un fiume lontano dal castello. Ad un tratto i sette servitori prendono le spade e gridano:

—Sire, siete nostro prigioniero, venite con noi!

Re Oro è molto sorpreso e dice:

—Figli miei, non scherzate; sapete che non amo gli scherzi pericolosi.

—Noi non scherziamo—rispondono i sette giovani.—Prete Gianni è il nostro signore. Ora vi porteremo da lui.

Re Oro protesta, ma i ragazzi lo legano e lo portano alla corte del loro signore.

Prete Gianni riceve malamente il suo nemico con queste parole:

—Non c'è posto per te alla mia corte. Andrai tra le bestie e sarai il re del mio bestiame.

Così per molti anni Re Oro fa il guardiano delle bestie di Prete Gianni. Un giorno Prete Gianni chiama Re Oro e gli dice:

—Sei convinto adesso che io sono il più forte?

Re Oro risponde:

—Sì, Prete Gianni, sono convinto e sarò sempre tuo servitore.

Prete Gianni è soddisfatto di questa risposta. Regala molti cavalli e armi a Re Oro e lo manda al suo castello.

MARCO POLO'S TREASURE CHEST

(a) *Rispondete in italiano:*—

1. Perché il Gran Khan nomina Marco Polo ambasciatore?
2. Dove va l'ambasciatore Marco nella sua prima missione?
3. Descrivete il regno di Taianfù.
4. Dove Marco ha imparato la storia di Re Oro e Prete Gianni?
5. Perché Prete Gianni abbandona l'assedio contro Re Oro?
6. Perché Prete Gianni è molto triste?
7. Che dicono sette giovani soldati a Prete Gianni?
8. Perché Re Oro accetta i sette giovani?

(b) *Rispondete in inglese:*—

1. Che cosa non immagina Re Oro?
2. Che fanno un giorno i sette giovani?
3. Prete Gianni come riceve Re Oro?
4. Dopo molti anni che fa Prete Gianni con Re Oro?

(c) *Find the Italian for these expressions from the story in this chapter:—*

in the kingdom, in the castle, in the hall, in the past, in the lands, of Catai, of the kingdom, of the beasts, at the court, from the castle.

CAPITOLO 13

MARCO POLO NEL TIBET—I SERPENTI COLUBRI

IDIOMATIC EXPRESSIONS

si chiamano—(they) are called
hanno paura—they are afraid
di giorno, di notte—by day, by night

Dopo molte giornate di marcia, Marco Polo arriva nel Tibet. Attraversa zone devastate dal bandito Mongu Khan e zone dove gente cattiva ruba e uccide liberamente.

Continuando verso ponente, Marco arriva nella provincia di Gaindu. Questa provincia è famosa per un gran lago salato.

42

Nel fondo di questo lago ci sono molte perle preziose. La provincia è anche piena di uccelli di ogni colore. Nei grandi boschi ci sono leoni, lupi, orsi, cervi e capre.

La gente di questa regione produce un tipo di vino, non con l'uva, ma con il succo del riso. Aggiungono a questo vino delle spezie così esso diventa molto forte e dolce.

Marco Polo attraversa il grande Yang-tse-Kiang o fiume Azzurro, e arriva nella provincia di Caragian. Qui regna un figlio del Gran Khan, Cogacin. In questo territorio esistono dei terribili serpenti che *si chiamano* colubri.

Alcuni colubri sono lunghi dieci metri e alti un metro. I colubri hanno quattro zampe con delle unghie affilate. La testa dei colubri è enorme e ha due grandi occhi sporgenti. La bocca è così grande che può inghiottire un uomo. I denti dei colubri sono grandi e aguzzi. Alla vista di questi serpenti anche gli uomini più coraggiosi *hanno paura*.

Gli abitanti di Caragian comunque sanno come cacciare i mostruosi animali. *Di giorno* questi serpenti vivono sotto terra. Escono solamente *di notte* per mangiare e bere. Quando i colubri camminano lasciano una traccia sul terreno. I cacciatori seguono questa traccia e piantano dei pali aguzzi nel terreno. Quando i colubri passano sui pali, rimangono infilzati e muoiono.

Quando i colubri sono morti, gli abitanti li tagliano a pezzi e prendono il fiele dell'animale. Questo fiele è molto utile perché cura il morso del cane rabbioso. Inoltre i cacciatori tagliano la carne dei colubri e la cucinano. Sembra strano, ma la carne dei colubri è molto buona e tenera.

MARCO POLO'S TREASURE CHEST

(a) *Rispondete in italiano:*—
1. Descrivete le zone del Tibet attraversate da Marco.
2. Perché è famosa la provincia di Gaindu?
3. Parlate del vino di questa provincia.
4. Quale fiume attraversa Marco Polo per arrivare nella provincia di Caragian?

43

5. Chi è il re di Caragian?
6. Che esiste in questo territorio?
7. Descrivete questi terribili serpenti.
8. Che seguono i cacciatori dei serpenti?
9. Che piantano nel terreno? perché?
10. Perché è molto utile il fiele dei serpenti colubri?

CAPITOLO 14

LE TORRI DI MIEN E LA CACCIA AL LEONE

IDIOMATIC EXPRESSIONS

ha fatto costruire queste due torri—had these two towers
  built
tira vento—the wind blows
le cose dei morti non si toccano—one must not touch that
  which belongs to the dead
di dietro—from behind
momento buono—right moment

Dopo un lungo soggiorno, Marco Polo lascia Caragian.

Marcia per venti giornate e arriva nella nobile città di Mien. Questa città è sulla costa dell'Oceano Indiano. Gli abitanti di Mien sono pagani. Essi parlano una lingua diversa dai Tartari, però sono sudditi del Gran Khan.

A Mien ci sono due belle torri, una d'oro e una d'argento alte dieci metri. Prima di morire, un re *ha fatto costruire queste due torri*. Dopo la morte del re, gli abitanti di Mien hanno messo le due torri sulla sua tomba.

Sulla cima delle torri ci sono molti campanelli d'argento. Ogni volta che *tira vento* i campanelli suonano e una musica melodiosa arriva in tutta la città di Mien. La tomba e le torri sono di una bellezza favolosa. Quando il sole brilla nessuno può guardare le torri. Il loro splendore è troppo abbagliante.

Un giorno, il nuovo re di Mien dichiara guerra al Gran Khan. Egli è figlio del re sepolto sotto le torri. È molto giovane e poco prudente. Il Gran Khan accetta la sfida perché vuole umiliare il giovane sovrano.

Alla corte del Gran Khan vive un gran numero di buffoni, giocolieri e saltimbanchi, Kubilai organizza questa gente in un esercito. Poi dice loro:
—Voglio dimostrare al re di Mien che i miei buffoni combattono meglio dei suoi soldati.

Infatti i buffoni del Gran Khan conquistano il regno di Mien. Quando i buffoni entrano nella città di Mien notano la bellezza delle torri. Subito pensano di regalare le torri all'-imperatore. Ma il Gran Khan conosce molto bene la religione dei Tartari. Essa insegna che *le cose dei morti non si toccano*. Perciò manda l'ordine di non toccare le torri.

Durante *il viaggio di ritorno* a Cambaluc, Marco Polo arriva nella regione di Cuigin. Questa provincia è piena di leoni e Marco osserva il sistema speciale che gli abitanti hanno imparato per cacciare i leoni.

Il cacciatore monta a cavallo e va a caccia con due cani veloci e molto feroci. Quando il cavaliere incontra un leone, dà l'ordine ai suoi cani di attaccare. Allora un cane attacca il leone davanti, e l'altro cane *di dietro*.

Intanto il cavaliere prepara la sua freccia nell'arco. Mentre la battaglia tra i cani e il leone continua, il cavaliere aspetta il *momento buono* per colpire il leone. La prima freccia è diretta alla testa. Quando il leone è a terra, il cavaliere lo colpisce con altre frecce. Questa volta le frecce sono dirette al cuore.

Dopo la morte del leone, il cavaliere prende la pelle e i cani mangiano la carne dell'animale.

MARCO POLO'S TREASURE CHEST

(*a*) *Rispondete in italiano:*—
1. Dov'è la città di Mien?
2. Di chi sono sudditi gli abitanti di Mien?
3. Descrivete le torri di Mien.
4. Perché il Gran Khan vuole umiliare il nuovo re di Mien?
5. Che vuole dimostrare il Gran Khan al re di Mien?
6. Perché i buffoni pensano di regalare le torri all'imperatore?
7. Perché il Gran Khan manda l'ordine di non toccare le torri di Mien?
8. Come sono i cani che attaccano i leoni?
9. I cani, come attaccano il leone?
10. Il cacciatore, come colpisce il leone?

"Sì" o "No".

(*b*) Answer the following questions about chapters 13 and 14 in complete sentences. Begin each answer with "Sì" or "No."
esempio:
   (i) La città di Mien è in Italia?
       No, la città di Mien non è in Italia, è sulla costa dell'-Oceano Indiano.
   (ii) A Mien ci sono due torri?
        Sì, a Mien ci sono due torri.
1. Il Gran Khan costruisce le due torri?
2. Una torre è d'argento?

47

3. L'altra torre è di perle?
4. Il fiume Yang-tse-Kiang è nel Giappone?
5. Nei boschi di Gaindu ci sono molti animali?
6. La bocca dei serpenti colubri è molto piccola?
7. Le torri di Mien sono molto brutte?
8. Il nuovo re di Mien dichiara guerra al Gran Khan?
9. L'esercito del Gran Khan è organizzato da principi?
10. I buffoni del Gran Khan conquistano il regno di Mien?
11. I cacciatori di Cuigin cacciano i leoni con due capre?
12. I leoni sono cacciati per le pelli?

CAPITOLO 15

I POLO AIUTANO IL GRAN KHAN A CATTURARE SANIANFU

IDIOMATIC EXPRESSIONS

a causa di—on account of, because of
dai cento occhi—of a hundred eyes
non bastano—are not enough
ci vogliono anche—you also need

Sulle rive del fiume Giallo o Hwang-Ho, c'è il regno dei Mangi. Il re dei Mangi, Tù-Tsong, è molto ricco. Solamente il Gran Khan è più ricco di Tù-Tsong. Ma la ricchezza non fa

49

buoni guerrieri. E Tù-Tsong perde il suo regno *a causa di* Baian *dai cento occhi.*

Anni prima gli astrologhi *avevano detto* a Tù-Tsong:

—Sire, un giorno perderete il vostro regno *a causa di* un guerriero che ha cento occhi.

Nel 1278, il Gran Khan manda il generale Baian Cincsan a conquistare il regno dei Mangi. Baian Cincsan vuol dire "Baian dai cento occhi". Baian arriva nel Mangi e subito i suoi soldati conquistano dodici città della regione.

Baian si prepara a conquistare la capitale del Mangi, Chinsai. La città prepara la sua difesa contro Baian. Ma quando il re dei Mangi, Tù-Tsong vede il grande esercito di Baian, scappa da Chinsai con mille navi e molte ricchezze.

Allora la regina prende il comando della difesa di Chinsai. Da un'alta torre la regina vede Baian:

—Chi è quel guerriero così ben armato e seguito da bandiere con cento occhi?—domanda al suo ministro.

—Quello è Baian dai cento occhi—risponde il servitore.

Subito la regina ricorda la profezia degli astrologhi e si arrende a Baian.

Così, in un breve periodo Baian conquista il più ricco regno del mondo. Durante il banchetto della vittoria, Baian dice ai suoi generali:

—La ricchezza e un popolo numeroso *non bastano* a difendere una nazione. *Ci vogliono anche* uomini coraggiosi.

L'ultima città dei Mangi che si arrende è Saianfù. La città può resistere al grande esercito di Baian perché è circondata da lagune profonde. Allora Baian dà l'ordine di assediare la città. L'assedio dura tre anni.

La città ha molte provviste. Baian e il Gran Khan sono molto preoccupati dalla resistenza di Sanianfù. I Polo allora dicono al Gran Khan:

—Sire, noi possiamo costruire macchine da guerra molto potenti. Sono le catapulte che lanciano lontano pietre di trecento libbre.

Il Gran Khan dà il permesso ai Polo di costruire tre catapulte.

Dopo, i Polo mettono le catapulte davanti alle mura di Sianan-fù. Le pietre di trecento libbre distruggono molte case e così gli abitanti si arrendono.

Baian ringrazia i Polo per il loro aiuto e dice:

—Con la costruzione delle catapulte abbiamo imparato una lezione molto utile. Non sempre la forza è sufficiente a vincere le guerre. Anche l'astuzia è importante.

MARCO POLO'S TREASURE CHEST

(a) *Rispondete in italiano:—*
 1. Quanto è ricco il re dei Mangi?
 2. Che cosa avevano detto gli astrologhi a re Tù-Tsong?
 3. Perché il Gran Khan manda Baian Cincsan nel regno dei Mangi?
 4. Che vuol dire "Baian Cincsan"?
 5. Che tipo di guerriero è il re dei Mangi?
 6. Perché la regina dei Mangi si arrende subito a Baian?
 7. Qual'è l'ultima città che si arrende?
 8. Perché la città di Siananfù può resistere al grande esercito di Baian?
 9. Quanto dura l'assedio contro Siananfù?
10. Descrivete come i Polo aiutano il Gran Khan e Baian a conquistare la città di Siananfu.

(b) *From this story, find the expressions in Italian which mean the following:—*
The King is very rich. His Kingdom. Your Kingdom. The Gran Khan is richer than the king of the Mangi. His soldiers conquer twelve cities. The city prepares its defences. The queen asks Her minister. Baian says to his generals. The last city. A very useful lesson.

51

CAPITOLO 16

LE MERAVIGLIE DI CHINSAI

IDIOMATIC EXPRESSIONS

più di—more than
ordinata in quartieri—set out in districts
fa scrivere—asks him to write
all'aperto—in the open

Quando finalmente tutto il regno del Mangi è conquistato,
Marco Polo diventa ambasciatore della capitale. Chinsai è così
bella e così grande che merita il nome di "Città del Cielo".
Marco Polo ha fatto questa descrizione di Chinsai.
Chinsai ha un perimetro di cento miglia. Un grande fiume e

52

molti canali attraversano la città. Chinsai somiglia molto a Venezia. Ci sono *più di* dodicimila ponti di pietra. I ponti sono molto grandi e sotto gli archi navigano le navi dei mercanti. La città è *ordinata in quartieri*. Ogni quartiere ha pompieri, polizia, sale da ricevimento, bagni pubblici e alberghi ben attrezzati. Su ogni porta delle case di Chinsai c'è il nome e il cognome della famiglia che occupa la casa. Gli alberghi hanno registri per scrivere i nomi degli ospiti.

Chinsai ha dodici industrie. Ogni industria ha dodicimila botteghe. In ogni bottega ci sono almeno dieci operai. Le botteghe più ricche impiegano anche quaranta operai. A Chinsai c'è un sistema di apprendistato per insegnare il mestiere ai giovani. Così in una bottega ci sono sempre operai e apprendisti. La legge di Chinsai obbliga i figli ad imparare il mestiere del padre.

Vicino a Chinsai c'è un lago largo trenta miglia. Sulle sue rive ci sono i palazzi dei signori e i templi degli dei. Al centro del lago ci sono due isole. Ogni isola ha un bellissimo palazzo con grandi sale da ricevimento. Tutte le persone che vogliono fare una festa, o un banchetto di nozze, vanno in questi palazzi. I palazzi sono aperti a tutti, anche ai poveri.

Le case dei quartieri popolari di Chinsai sono di legno. Allora c'è sempre pericolo di un incendio. Per questa ragione gli abitanti di Chinsai hanno i pompieri. Al centro di Chinsai c'è una collina molto alta. Lassù c'è sempre una vedetta per avvisare i pompieri in caso d'incendio. La vedetta colpisce con un bastone un grosso gong, e i pompieri subito corrono verso l'incendio.

I bagni pubblici di Chinsai sono molto grandi e molto belli. Ogni bagno può contenere cento persone.

Una grande città come Chinsai ha bisogno della forza pubblica. Infatti la polizia mantiene l'ordine nella città specialmente nel quartiere degli astrologhi. Tutti gli astrologhi vivono nella stessa via e litigano spesso *tra di loro* per stupidi motivi.

Quando un bambino nasce a Chinsai, riceve il certificato di nascita. Il padre del bambino va dall'astrologo *e fa scrivere* su un pezzo di carta l'ora, il giorno, l'anno e la costellazione del bambino. Questo certificato è molto importante perché quando il bambino cresce, gli astrologhi leggono la sua fortuna.

Gli abitanti di Chinsai lavorano fino al tramonto. Poi dimenticano il lavoro e vanno a divertirsi fino a tardi. Sono persone allegre e spesso organizzano grandi feste *all'aperto*. Durante queste feste, il cielo è pieno di luci multicolori. Queste luci esplodono in aria e lasciano una traccia di scintille luminose.

MARCO POLO'S TREASURE CHEST

(*a*) *Rispondete in italiano:*—
1. Perché Chinsai somiglia molto a Venezia?
2. Cosa naviga sotto gli archi dei ponti?
3. Quante industrie ci sono a Chinsai?
4. Perché c'è un sistema di apprendistato?
5. Descrivete il lago vicino a Chinsai.
6. Che ha ogni isola?
7. Che fanno gli abitanti di Chinsai?
8. Perché ci sono i pompieri a Chinsai?
9. La vedetta come avvisa i pompieri in caso d'incendio?
10. Chi mantiene l'ordine nella città?
11. Che riceve un bambino quando nasce?
12. Descrivete gli abitanti di Chinsai.

(*b*) *"Le meraviglie di Chinsai"*.
Certainly Chinsai was a city of wonders for people used only to conditions of life seven hundred years ago! Let's see how quickly you can list (in English) some of these "wonders" in the squares below. The reinforced ones spell out a name; what is it?
1. Attraversano la città con un grande fiume.
2. Per le persone che vogliono fare una festa o un banchetto di nozze.
3. Sono di pietra e molto grandi.
4. La vedetta lo colpisce in caso d'incendio.

5. Ogni industria ha dodicimila di questi.
6. Sono organizzate spesso all'aperto.
7. Ce ne sono dodici.

湖	1						結	婚	日
運	河	2					江	蘇	城
屋	3							警	察
河	流	4			店	富	商	陵
園	5								橋
宮	殿	樹	木	6					
7									

CAPITOLO 17

LA NOSTALGIA DELLA PATRIA—IL VIAGGIO DI RITORNO—L'INDIA

IDIOMATIC EXPRESSIONS

via mare—by sea
accetta a malincuore—reluctantly accepts
navi a quattro alberi—four masts ships
più di—more than

Marco Polo è ormai diventato primo ministro del Gran Khan. Il sovrano d'Oriente non prende nessuna decisione senza

56

consultare Marco. Ma la ricchezza e il potere non curano la nostalgia della patria.

I Polo sono molto tristi, dopo diciassette anni alla corte del Gran Khan vogliono tornare a Venezia.

Khubilai nota la tristezza sul volto di Marco e gli domanda:

—Dimmi, Marco, sei forse malato? Il tuo volto è pallido e triste.

—Sì, mio signore—risponde Marco—sono malato.

—Allora chiamerò i medici più famosi dell'Oriente!

—No, signore, la mia malattia ha solo una medicina.

—Quale?—esclama il Gran Khan—dimmi il nome della medicina e spedirò le mie staffette in tutto l'Oriente per trovarla.

—Sire, la mia malattia è la nostalgia della patria. Solo il ritorno a Venezia curerà la mia tristezza.

—No—risponde il Gran Khan—non puoi partire. *Ho bisogno del* tuo consiglio per governare il mio impero.

E così Marco, Matteo e Niccolò Polo restano a Cambaluc pieni di ricchezze e di onori, ma prigionieri dell'affetto del Gran Khan.

Ma un giorno la provvidenza aiuta i Polo.

Il sovrano di Persia, Arghum Khan, ha mandato un ambasciatore alla corte tartara. Vuole sposare una principessa tartara. Il Gran Khan sceglie Alicin, una principessa della sua stirpe. Ma gli ambasciatori di Persia *hanno paura* di tornare attraverso l'Asia perché c'è una guerra nella regione. Allora Marco suggerisce *di andare via mare*. Il Gran Khan accetta l'idea, ma né i Tartari né i Persiani sono bravi navigatori.

—Noi Veneziani siamo esperti naviganti—dice Marco—possiamo accompagnare la principessa Alicin.

Anche questa volta Khubilai *accetta a malincuore* il consiglio di Marco Polo.

Nel Porto di Zartum i Tartari preparano quattordici *navi a quattro alberi* per il viaggio. *Più di* settecento persone vanno con i Polo e la principessa. Il viaggio è molto difficile. Tempeste di pioggia e di vento affondano metà delle navi. Spesso Marco sosta in luoghi inospitali per riparare le navi. Sull'isola di

Sumatra Marco vede i primi cannibali, gente feroce che mangia carne umana.

Nella giungla indiana i nativi mostrano a Marco alberi che producono vino. Basta tagliare un ramo della Palma Vinaria per riempire un secchio di succo simile al vino. Il vino gocciola dal ramo tagliato. Non molto lontano dalla Palma Vinaria Marco vede alberi che producono farina. La corteccia di questi alberi è piena di una polvere bianca. Con questa farina bianca gli abitanti fanno una pasta molto buona.

Nell'isola di Ceylon ci sono molte pietre preziose. Marco può ammirare rubini, zaffiri e topazi di prima qualità. Il re di questa isola ha il più grande rubino del mondo. Questa pietra preziosa è lunga un palmo e grossa come un braccio.

A sessanta miglia da Ceylon c'è un golfo dove si pescano le perle. In aprile i pescatori cominciano la pesca. Si tuffano fino a una profondità di dieci metri. Sul fondo del mare raccolgono le ostriche che contengono le perle.

MARCO POLO'S TREASURE CHEST

(*a*) *Rispondete in italiano:*—
1. Che cosa è diventato Marco Polo?
2. Perché i Polo sono tristi?
3. Qual'è la malattia di Marco?
4. Quale medicina curerà la sua malattia?
5. Perché i Polo restano a Cambaluc?
6. Perché il viaggio di ritorno è molto difficile?
7. Marco dove vede i primi cannibali?
8. Che producono gli alberi della giungla indiana?

(*b*) *Rispondete in inglese:*—
Raccontate in poche parole come la provvidenza aiuta i Polo a ritornare a Venezia.

(*c*) *Turn the following statements into dialogue, that is, into the words actually said:*—
for example:
(i) Khubilai domanda a Marco se è malato.

Khubilai domanda:—Marco, sei malato?

(ii) Khubilai dice a Marco che il suo volto è pallido e triste.

Khubilai dice:—Il tuo volto è pallido e triste.

1. Marco risponde che è malato.
2. Khubilai domanda il nome della medicina.
3. Marco dice che solo il ritorno a Venezia curerà la sua tristezza.
4. Il Gran Khan risponde a Marco che ha bisogno del suo consiglio.
5. Marco dice che essi sono esperti naviganti.

CAPITOLO 18

I BRAMINI E LA LEGGENDA DI BUDDA

ad essere adorato—to be adored, worshipped
più avanti—further on
colui che non diventa vecchio—he who will never age
visse—he lived
dopo poco tempo—after some time
fece costruire una statua d'oro—he had a gold statue made
da allora—from then on

La flotta naviga lungo le coste dell'India. È la stagione dei
monsoni. Le navi aspettano i venti favorevoli nei porti del-

l'India. Così, mentre le principessa riposa e gli uomini riparano le navi, Marco Polo raccoglie informazioni sulla vita del popolo indiano.

Nell'interno del continente indiano c'è il grande regno di Maabar. Gli abitanti sono di religione buddista. I Bramini sono i sacerdoti di questa religione. Sono molto onesti e sinceri e non uccidono nessuno. Anche se le mosche e le pulci li disturbano, i Bramini non li uccidono perché credono che ogni cosa ha un'anima.

Non mangiano carne e non bevono vino; mangiano soltanto riso e bevono soltanto latte. Inoltre, ogni mese, bevono una bevanda fatta di zolfo e mercurio. Grazie a questa dieta speciale i Bramini vivono fino a centocinquanta anni.

Ma chi è il dio di questi strani sacerdoti? Essi adorano Budda. Budda è stato il primo uomo *ad essere adorato* come un dio. Questa è la leggenda di Budda che un sacerdote bramino racconta a Marco.

Il giovane Sagamoni Barcan era figlio di un re ricco e potente, ma non amava le ricchezze e i piaceri. Suo padre era molto vecchio e Sagamoni era figlio unico. Il vecchio re era preoccupato per la sorte del regno. Allora costruì un palazzo meraviglioso e invitò ragazzi e ragazze di stirpe nobile nel palazzo. Sagamoni viveva in un'atmosfera allegra e felice. I giovani cantavano e ballavano per lui, ma il volto del principe era sempre triste e serio.

Un giorno, mentre cavalcava con alcuni compagni e suo padre, vide un uomo a terra.

—Perché quell'uomo non cammina e non parla?—domandò a suo padre.

—Quell'uomo è morto—rispose il padre.

—Tutti gli uomini muoiono?—domandò il principe.

—Sì, figlio mio, tutti dobbiamo morire. Sagamoni non rispose, ma continuò il cammino in silenzio.

Più avanti i cavalieri incontrarono un uomo. L'uomo camminava con l'aiuto di un bastone e non aveva denti.

—Perché quell'uomo cammina col bastone e non ha denti?—
domandò il principe.

—È molto vecchio—rispose il padre.

—Tutti diventano vecchi?—domandò Sagamoni.

—Sì, figlio, tutti diventano vecchi—rispose il re. Sagamoni
tornò a casa molto triste. Poi, un giorno, lasciò il palazzo e
non tornò più.

Sagamoni andava cercando *colui che non diventa mai
vecchio* e non muore mai. Infine arrivò nell'isola di Ceylon.
Salì su un'alta montagna e visse in meditazione e in preghiera.
Dopo poco tempo morì. Il vecchio re pianse la morte del figlio
e *fece costruire una statua d'oro* in sua memoria.

Da allora gli abitanti di Maabar adorarono Sagamoni come
un dio. Lo chiamarono "Budda" (l'illuminato) e ancora oggi
molti pellegrini vanno nell'isola di Ceylon e pregano sulla sua
tomba.

MARCO POLO'S TREASURE CHEST

(a) *Rispondete in italiano:*—
  1. Perché le navi aspettano i venti favorevoli nei porti
     dell'India?
  2. Di che religione sono gli abitanti nell'interno del conti-
     nente indiano?
  3. Chi sono i Bramini?
  4. Descrivete la dieta speciale dei Bramini.
  5. Chi è il dio dei Bramini?

(b) *Rispondete in inglese:*—
  1. Chi era Sagamoni Barcan?
  2. Perché il vecchio re era preoccupato per la sorte del
     regno?
  3. Che fece allora il vecchio re?
  4. Perché un giorno Sagamoni lasciò il palazzo e non tornò
     più?
  5. Che andava cercando?
  6. Perché il vecchio re fece costruire una statua d'oro?

7. Che fecero gli abitanti di Maabar?

(c) *Give Italian equivalents for the English words in brackets.*
for example: Suo padre (was) molto vecchio.
　　　　　　　Suo padre era molto vecchio.

1. Suo padre (was) preoccupato per il regno.
2. Allora (he built) un palazzo meraviglioso.
3. I giovani (were singing and dancing) per lui.
4. Il principe (asked) se tutti diventavano vecchi.
5. Sagamoni (returned) a casa molto triste.
6. (He left) il palazzo e infine (he arrived) nell'isola di Ceylon (Sri Lanka).
7. (He climbed) su un'alta montagna.
8. Dopo poco tempo (he died).
9. Gli abitanti di Maabar (adored) Sagamoni come un dio.
10. Lo (they called) Budda.

CAPITOLO 19

L'ARRIVO IN PERSIA . LA TURCHIA . LA PRINCIPESSA LUNA LUCENTE

IDIOMATIC EXPRESSIONS

prima di ripartire—before setting off again

è convinto di battere—he is confident of winning

Quando la stagione dei monsoni finisce, le navi lasciano le coste dell'India e vanno verso occidente. Dopo diciotto mesi dalla partenza, arrivano a Cormosa. Questa città è situata nel Golfo Persico. Solamente poche navi e diciotto passeggeri sbarcano a Cormosa. Dopo Cormosa i Polo e la principessa Alicin arrivano alla corte di Persia.

Il re Zanduc riceve i viaggiatori con molto onore. Marco consegna la principessa a Zanduc. I Polo restano sei mesi alla corte di Persia, *prima di ripartire*. Il re persiano sposa la principessa tartara e invita Marco a vivere alla sua corte. Zanduc racconta a Marco la storia di Luna Lucente.

—Al confine del mio regno c'è la Gran Turchia. Caidù è il sovrano di questo regno. Questo re ha una figlia famosa per la sua forza e bellezza. Questa principessa si chiama Aligiarne, in turco "Luna Lucente". La principessa ha promesso a suo padre di sposare il cavaliere che la batterà in duello.

Infatti Luna Lucente è così forte che nessuno può batterla in duello. Molti cavalieri, forti e nobili, vanno alla corte di re Caidù e sperano di battere a duello la famosa guerriera. Prima del combattimento ogni cavaliere fa questo patto: Se vince, sposa la principessa, se perde paga cento cavalli alla principessa.

Il combattimento è organizzato nella sala principale del palazzo. Il re, la regina e tutti i nobili osservano la lotta. Dopo molti duelli la principessa ha più di diecimila cavalli. Nessun cavaliere può battere Luna Lucente.

Un giorno un principe famoso arriva al castello del re Caidù. È il figlio del re di Pumar. Il principe *è convinto di battere* Luna Lucente. Questo principe è molto bello e tutti i sudditi del re Caidù sperano nella sua vittoria. Il re Caidù dice a Luna Lucente:

—Figlia mia, questo è il migliore principe dell'Occidente. Perdi il duello e sposa questo principe, così farai felice tuo padre.

Ma Luna Lucente non ascolta le preghiere del padre. E così, come gli altri cavalieri, anche il principe di Pamar perde il duello. Da quel giorno re Caidù porta Luna Lucente in tutte le battaglie. La principessa combatte sempre in prima fila e il re vince tutte le guerre. Così la valorosa Luna Lucente ha battuto molti cavalieri, ha vinto molte guerre, ma non ha mai trovato marito.

(*a*) *Rispondete in italiano:—*
1. Quanto dura il viaggio da Cambaluc a Cormosa?
2. Il re di Persia, come riceve i Polo?
3. Dove vive la principessa Luna Lucente?
4. Perché è famosa questa principessa?
5. Quanto è forte Luna Lucente?
6. Che ha promesso a suo padre?
7. Quale patto fa ogni cavaliere prima del combattimento?
8. Chi arriva un giorno al castello del re?
9. Perché il re dice a Luna Lucente:—Perdi il duello—?
10. Perché Luna Lucente non ha mai trovato marito?

(*b*) *Crossword puzzle.*
The first to complete it (answer in Italian) will have the right to enter this beautiful Chinese Pagoda.

Orizzontali
1. The country of Luna Lucente (abb.).
3. Marco's uncle (inits.).
7. Name and 12. Surname of our hero.
16. The modern name for Persia (abb.).
18. First two letters of alphabet (in most languages).
20. Repubblica veneziana (inits.).
23. Ente Turistico (inits.).
27. Escursionisti Esteri (number plate issued to temporary visitors to Italy).
29. Napoli (abb.).
34. Budda's initials.
37. The city, birthplace of the Polo family.
44. The empire of the Gran Khan.
48. The modern name for Lop desert.
53. Means for travel over the oceans.

66

59. Turkish title for "emperor".
64. & 74. Roma and Napoli (inits.).
69. The Kingdom ruled by Tu-Tsong (Ch. 15).
78. "To the" before Gran Khan.
81. The first king of Tartars.

Verticali

1. The people described in Chs. 7 & 8.
3. A piece of furniture.
5. Sette più due . . .
6. The beautiful city on the edge of a dangerous desert.
7. This city had two beautiful towers.
10. A company of merchants or people travelling together.
12. The enemy of Gengis Khan and of Re Oro.
34. Today's name for the "Valle Oscura".
35. He was famous for his hundred eyes.
44. The island of precious stones and pearls in Ch. 17 (abb.).
54. Associazione Nazionale Mutualistica (inits.).
59. As for Orizzontali (minus the "h").
60. Chinese for "river" or Italian for "I have".
66. The greedy Caliph loved it; the Gran Khan and his nobles wore it on his birthday.
76. "The" in front of "perle", "feste".
79. "The" in front of "zolfo", "spettacolo".

CAPITOLO 20

I TARTARI DELLE REGIONI
SETTENTRIONALI—LA VALLE OSCURA—
IL RITORNO A VENEZIA

IDIOMATIC EXPRESSIONS

bisogna attraversare—one must cross
vivono di caccia—they live by hunting
animali da pelliccia—animals yielding fur
credevano che fossero morti—they thought that the Polos
   had died

—Cosa c'è a Nord della Gran Turchia?—domanda Marco a
Zanduc.

—Le terre del nord sono fredde e inospitali—risponde Zanduc.—A nord della Gran Turchia c'è la "Valle Oscura".* Non è facile arrivare in questa regione. Prima *bisogna attraversare* una valle tutta fango e ghiaccio. I cavalli scivolano in questo terreno e allora i viaggiatori usano veicoli speciali senza ruote, le slitte. Ogni slitta è tirata da sei cani. I cani viaggiano un giorno intero.

Dopo tredici giorni si arriva nella "Valle Oscura". Qui non c'è mai sole, né luna, né stelle, ma è sempre notte buia. Gli abitanti sono molto pallidi e selvaggi. Non hanno re, né regina, né governo. *Vivono di caccia* ed hanno molte pelli preziose.

I mercanti non arrivano mai in questa regione, ma dei predoni tartari rischiano la vita per cacciare gli *animali da pelliccia*. I predoni non perdono mai la strada. Infatti portano con loro delle giumente con dei puledri appena nati. Poi lasciano i puledri fuori della valle. Al ritorno le giumente seguono l'istinto e vanno nel posto dove hanno lasciato i puledri. In questa maniera i predoni tartari entrano ed escono dalla "Valle Oscura".

Vicino alla "Valle Oscura" c'è la Russia. Questa regione è molto fredda. Gli abitanti sono cristiani ortodossi. Sono alti, biondi con gli occhi azzurri. In Russia ci sono molte miniere d'oro e d'argento. Così Zanduc finisce il suo racconto.

I Polo ripartono perché sono ansiosi di tornare a Venezia. Prima arrivano a Trebisonda e traversano il Mar Nero fino a Costantinopoli. Poi vanno a Negroponte e finalmente, dopo venticinque anni, rivedono Venezia.

I parenti veneziani non riconoscono i Polo. Allora i tre viaggiatori mostrano il tesoro d'oro e d'argento che hanno portato dall'Oriente. Tutti festeggiano il ritorno di Niccolò, Matteo e Marco Polo perché *credevano che fossero morti* in oriente.

I vecchi Polo vissero nella cara Venezia fino alla morte mentre Marco diventò un importante membro del governo di Venezia.

* Siberia.

(*a*) *Rispondete in italiano:*—

1. Dov'è la "Valle Oscura"?
2. Descrivete questa regione.
3. Descrivete gli abitanti.
4. Che cacciano i predoni tartari in questa regione?
5. In quale maniera i predoni non perdono mai la strada?
6. Che c'è vicino alla "Valle Oscura"?
7. Descrivete la Russia.
8. Dopo quanti anni i Polo rivedono Venezia?
9. Cosa mostrano i Polo ai parenti veneziani?
10. Perché tutti festeggiano il ritorno di Niccolò, Matteo e Marco?

ANSWER KEYS TO EXERCISES

(*a*)

1. Vuole distruggere Venezia una volta per sempre.
2. Genova e Venezia sono le due Repubbliche Marinare.
3. Combattono da cento anni per il dominio del Mare Mediterraneo.
4. Marco Polo, un nobile veneziano, è il comandante di una nave veneziana.
5. Genova vince la battaglia.
6. La prigione genovese è buia e umida.
7. Ogni sera Marco racconta le sue avventure nella terra dei Tartari.
8. Nella terra dei Tartari ci sono persone che mangiano carne umana, c'è l'oro nei fiumi, gli alberi producono vino e farina, le pietre bruciano e i fuochi non danno calore.
9. Perché non è uno scrittore.
10. Marco detta e Rustichello scrive. Insieme scrivono "Il Milione".

CHAPTER 1

(*a*)

1. Il viaggio di Marco Polo nelle terre del Gran Khan dura venticinque anni.
2. I fratelli Polo sono a Bucara per ragioni di commercio.
3. Un ambasciatore del signore di tutti i Tartari li invita alla reggia del Gran Khan.
4. Il Gran Khan vuole sapere chi è il Papa, che cos'è la Chiesa Cattolica e altre notizie dei popoli occidentali.

5. I Polo restano molti anni alla corte del signore dei Tartari.
6. Il Gran Khan chiede al Papa di mandare alcuni missionari per convertire i Tartari alla religione cristiana.
7. I Polo tornano a Venezia per rivedere le loro famiglie.
8. A Venezia c'è Marco, figlio di Niccolò. La madre è morta pochi anni prima.
9. I due missionari ritornano perché il viaggio è molto faticoso e c'è una guerra nella regione.
10. Perché il viaggio attraverso le alte montagne e i deserti dell'Asia è lungo e faticoso.

(*b*)

Anni, memorie, fratelli, ragioni, latini, altre, notizie, missionari, pagani, popoli, fatiche, avventure, famiglie, mercanti, famosi, cammelli, cavalli, carovanieri, montagne, deserti.

CHAPTER 2

(*a*)

1. I Polo vanno prima a Gerusalemme e poi verso la Piccola Armenia.
2. Marco ha un bel cavallo bianco.
3. Marco ammira le fabbriche dei tappeti e della seta.
4. Il fiume Tigri divide Bagdad.
5. Hulagu, principe tartaro, conquista Bagdad nel 1255.
6. Le ricchezze di Bagdad sono oro, argento e gioielli.
7. Il Califfo di Bagdad è molto avaro.
8. Il Califfo deve mangiare e bere il suo oro.
9. Il principe Hulagu chiude il Califfo nella torre del tesoro.
10. L'avaro Califfo muore di fame e di sete.

(*b*)

La via, i cammelli, l'interno, le fabbriche, la seta, i tappeti, la montagna, l'arca, la carovana, le montagne, la città, il fiume, il califfo, il principe, il tesoro, l'avaro, il denaro, le ricchezze, la torre, i Tartari.

(*a*)

1. La carovana va verso la Persia.
2. Un Califfo di Bagdad.
3. Egli vuole convertire i cristiani alla religione di Maometto.
4. Un cristiano che ha tanta fede in Dio quanta può stare in un chicco di senape.
5. I soldati hanno l'ordine di uccidere tutti quelli che rifiutano di cambiare religione.
6. Dopo otto giorni, un angelo visita il vescovo.
7. Il povero falegname deve costruire una croce di legno.
8. Il Califfo è pronto ad uccidere tutti i cristiani.
9. Ad un tratto la montagna trema, i massi rotolano nella valle e formano una nuova montagna.
10. Quando il Califfo e i suoi soldati vedono il miracolo, lasciano la religione di Maometto e diventano cristiani.

(*b*)

un califfo, a caliph, un giorno, a day, un cristiano, a Christian, un chicco, a seed, una montagna, a mountain, un angelo, an angel, un falegname, a carpenter, una processione, a procession, un mercante, a merchant, una croce, a cross.

(*a*)

1. I drappi sono di seta.
2. Castello di Cala Ataperistan.
3. Sono grandi astrologhi.
4. Capiscono che è nato un nuovo profeta.
5. Portano tre doni: la mirra, l'oro e l'argento.
6. Vogliono scoprire chi è il bambino.
7. Il bambino accetta tre doni.
8. Il bambino dà una scatoletta ai tre re.

9. La fede cristiana.
10. Marco capisce che i tre re sono i re Magi del Vangelo Baldassarre, Gasparre e Malchiorre, e il bambino è Gesù di Nazaret.
11. I Caraunas sono banditi.
12. I Caraunas causano il buio per una settimana. Perché rubano tutto e fanno prigionieri i giovani.

(*b*)

1. Marco ascolta la storia dei re Magi e del fuoco sacro. I re Magi sono grandi astrologhi che guardano le stelle. Un giorno capiscono che è nato un nuovo profeta.
2. Partono per visitare il bambino e portano tre doni: la mirra, l'oro e l'incenso. Il bambino profeta è Gesù di Nazaret.

CHAPTER 5

(*a*)

1. La città di Cormosa è sull'Oceano Indiano.
2. Fa molto caldo.
3. Il Vecchio si chiama Alaodin.
4. Nel giardino ci sono palazzi incantati, tutti decorati d'oro, Fiumi di latte e vino dolce scorrono tra gli alberi e i fiori, e c'è sempre il canto melodioso degli uccelli.
5. I saraceni considerano il giardino il paradiso di Maometto.
6. Nessuno può entrare nel paradiso.
7. Quando vuole uccidere una persona.
8. I giovani pensano:—Siamo nel paradiso che Maometto promette dopo la morte.
9. Alaodin vive sicuro perché i morti non parlano.
10. Il re Hulagu distrugge l'infernale paradiso di Alaodin.

(b)

vecchio-giovane; old-young
caldo-freddo; hot-cold
notte-giorno; night-day
bello-brutto; beautiful-ugly
coraggiosi-paurosi; courageous-cowardly
dolce-amaro; sweet-sour
forte-debole; strong-weak
paradiso-inferno; heaven-hell
triste-felice; sad-happy
domanda-risposta; question-answer
nemici-amici: enemies-friends
morte-vita; death-life

CHAPTER 6

(a)

1. Il viaggio dura quaranta giorni.
2. Nel tempio cristiano.
3. Un vecchio mendicante racconta il miracolo della colonna sospesa.
4. Il re saraceno Giogatai, fratello del Gran Khan.
5. I cristiani costruiscono una chiesa per celebrare l'evento.
6. Giogatai regala ai cristiani un blocco di marmo, pietra sacra a Maometto.
7. È una pietra sacra.
8. Il blocco di marmo regge tutta la chiesa.
9. I cristiani hanno dieci giorni di tempo.
10. Dio salva la chiesa con un miracolo.

(b)

1. Dopo Samarcanda la carovana arriva a Lop, una città molto bella.
2. Questa città molto bella è all'entrata di un grande deserto.

3. Le persone prima di attraversare il deserto riposano nella città.
4. I pericoli del deserto sono: il caldo, la scarsezza d'acqua, e le voci degli spiriti.
5. Molti carovanieri lasciano le piste dei cammelli perché gli spiriti chiamano i nomi delle persone.
6. Per attraversare il deserto senza pericoli si legano uno con l'altro.

CHAPTER 7

(*a*)

1. In queste città ci sono palazzi splendenti, giardini fioriti, e laghi artificiali.
2. La carovana ha viaggiato per due anni e tutti vogliono riposare.
3. La Manciuria è la terra nativa dei Tartari.
4. Prete Gianni voleva eliminare i Tartari perché aveva paura di una ribellione.
5. I Tartari sono fuggiti nel deserto vicino alla città di Corcoran.
6. Gengis Khan è il primo re tartaro.
7. Gengis Khan è molto coraggioso e molto intelligente.
8. Per diventare alleato di Prete Gianni ed evitare la guerra.
9. Perché è molto offeso dalla riposta di Prete Gianni.
10. Prete Gianni perde non soltanto la guerra e il suo regno ma anche la vita.

(*b*)

1. Gengis Khan *ha organizzato* una grande armata.
2. Egli *ha conquistato* molte nuove terre.
3. Il re tartaro *ha pensato* di sposare la figlia di Prete Gianni.
4. Gengis Khan *ha manifestato* le sue intenzioni al suo nemico.

5. Egli *ha mandato* un messaggero alla corte di Prete Gianni.
6. Prete Gianni *ha rifiutato* la richiesta.
7. Gengis Khan *ha dichiarato* guerra a Prete Gianni.
8. I soldati tartari *hanno combattuto* coraggiosamente.

CHAPTER 8

(*a*)

1. Vivono in alta montagna perché ci sono pascoli verdi per il bestiame.
2. D'inverno vivono nella valle.
3. Le case dei Tartari sono rotonde, fatte di legno e feltro.
4. Gli uomini praticano la caccia e la guerra. Le donne lavorano a casa, ma fanno anche del commercio.
5. Perché è disciplinato e forte.

(*b*)

Did you mention at least some of these customs, in your own words? The Tartars were nomads. If necessary they could survive on the blood of their horses, which was drawn from a vein in the neck. An odd custom was to arrange a marriage between their dead children, by drawing up a marriage contract. Crimes were severely punished by beatings, and there was a death penalty for murder.

(*c*)

ubbidienti, coraggiosi, nomadi, industriosi, forti, resistenti, severi, ordinati.

CHAPTER 9

(*a*)

1. Il Khan che regna al tempo di Marco Polo è il Gran Khan.
2. Perché ha molte terre e domina su milioni di persone. È il più ricco imperatore del mondo.

3. Quando un Khan moriva, era sepolto in una grotta dentro la montagna di Atai. Durante il funerale fino ad Atai, i guerrieri tartari uccidevano tutte le persone sulle strade. Anche le mogli e i figli del morto venivano uccisi.

4. Perché Naian ha radunato un grande esercito e marcia verso Cambaluc.

5. Naian è cugino dell'imperatore e governatore di Manciuria.

6. Il Gran Khan prepara in gran segreto un esercito di cavalieri coraggiosi.

7. L'esercito di Naian non resiste alla carica dei cavalieri e degli elefanti del Gran Khan.

8. È messo in un tappeto e bastonato fino alla morte.

9. I soldati di Khubilai sono di religione maomettana e buddista. Quelli di Naian sono cristiani.

10. È un dio buono e giusto, e vuole pace e giustizia.

(b)

1. Al tempo di Marco Polo il Khan che regna è il Gran Khan. È chiamato Khubilai, che significa "il signore dei signori". È il più ricco imperatore del mondo. Per questo è chiamato "Gran Khan".

2. Naian, governatore della Manciuria, è cugino del Gran Khan. Ha radunato un grande esercito contro Khubilai e marcia verso Cambaluc. Ma l'esercito di Naian non resiste alla carica dei cavalieri e degli elefanti del Gran Khan.

CHAPTER 10

(a)

1. Pechino è la destinazione dei Polo.

2. Marco è ansioso di conoscere il famoso Khubilai.

3. Il Gran Khan riceve i Polo nel suo magnifico palazzo.

4. Il palazzo è molto grande e le pareti delle stanze sono ricoperte d'oro e d'argento.

5. Il Gran Khan siede più in alto di tutti così tutti gli invitati lo vedono.
6. Mangiano cento varietà di cibo squisito e bevono il vino più delizioso del mondo.
7. Le feste a Cambaluc sono molte.
8. L'inizio del nuovo anno e il compleanno del Gran Khan.
9. Credono che il colore bianco porta fortuna.
10. Nel giorno del compleanno del Gran Khan.

(*b*)

viaggio, *trip;* giovane, *young man;* famoso, *famous;* veneziano, *Venetian;* signore, *sir;* oriente, *east;* carovana, *caravan;* destinazione, *destination;* oggi, *today;* palazzo, *palace;* pavimenti, *floors;* soffitti, *ceilings;* bianco, *white;* rosa, *rose, pink;* castelli, *castles;* giardini, *gardens;* alberi, *trees;* chilometri, *kilometres;* animali, *animals;* monte, *mountain;* verde, *green;* coraggioso, *courageous;* festa, *holiday, party;* organizzato, *organized;* sala, *hall;* tavola, *table;* pranzo, *dinner;* bicchieri, *glasses;* capodanno, *New Year's Day;* compleanno, *birthday.*

CHAPTER 11

(*a*)

1. Marco conosce meglio l'organizzazione alla vita dei Tartari.
2. Il sistema di scambio facilita molto il commercio.
3. La moneta è divisa in tre misure, piccola, media e grande.
4. I mercanti danno in cambio bestiame, oro, argento e perle per le banconote.
5. Col sistema delle strade e degli alberghi.
6. Gli alberghi sono molto confortevoli e possono ospitare anche un gran signore.
7. Le staffette sono uomini che vivono in casali.
8. Corrono a grande velocità da un casale all'altro.

9. Per uso domestico i Tartari usano delle pietre nere invece della legna (il carbone).

10. Il popolo adora il Gran Khan come un dio per la sua grande bontà.

(b)

1. In Cina, il Gran Khan Khubilai inventa le banconote.

2. Le banconote sono monete di carta divise in tre misure.

3. I mercanti comprano queste monete di carta alla banca del Gran Khan.

4. I mercanti usano le banconote per il commercio.

5. Il Gran Khan trasmette e riceve messaggi con le staffette.

6. Le staffette sono uomini molto veloci che corrono per portare i messaggi.

CHAPTER 12

(a)

1. Apprezza le buone qualità di Marco Polo.

2. Marco va nel regno di Taianfù.

3. È una regione industriale. Produce quasi tutto il vino e la seta del Catai.

4. Visitando il castello di Caincin, Marco ha imparato la storia di Re Oro e Prete Gianni.

5. Nel castello di Caincin Re Oro resiste all'assedio.

6. Per la prima volta un nemico ha resistito al suo esercito.

7. —Sire, noi vogliamo essere vostri servitori. Voi siete molto buono con i giovani.

8. Re Oro ama molto i giovani.

(b)

1. Re Oro does not imagine that the seven young men are traitors.

2. One day, they are out riding with the king and take Re Oro prisoner.

3. Prete Gianni receives Re Oro very badly.
4. After many years Prete Gianni frees Re Oro and gives him many horses and arms.

(c)

nel regno, nel castello, nella sala, nel passato, nelle terre, del Catai, del regno, delle bestie, alla corte, dal castello.

CHAPTER 13

(a)

1. Marco attraversa zone devastate dal bandito Mongu Khan e zone dove gente cattiva ruba e uccide liberamente.
2. La provincia di Gaindu è famosa per un gran lago salato dove ci sono molte perle preziose.
3. La gente di questa regione produce un tipo di vino dal succo di riso e poi aggiunge spezie così esso diventa forte e dolce.
4. Marco Polo attraversa il grande Yang-tse-Kiang o fiume Azzurro.
5. Cogacin, un figlio del Gran Khan, è il re di Coragian.
6. In questo territorio esistono dei terribili serpenti che si chiamano colubri.
7. I colubri sono lunghi dieci metri e alti un metro. Hanno quattro zampe con delle unghie affilate. La testa è enorme e ha due grandi occhi sporgenti.
8. I cacciatori seguono la traccia dei colubri.
9. Piantano dei pali aguzzi nel terreno. Quando i colubri passano sui pali rimangono infilati e muoiono.
10. È utile perché cura il morso del cane rabbioso.

CHAPTER 14

(a)

1. Questa città è sulla costa dell'Oceano Indiano.

2. Gli abitanti di Mien sono sudditi del Gran Khan.

3. Le torri sono una d'oro e una d'argento alte dieci metri.

4. È molto giovane e poco prudente.

5. Vuole dimostrare che i suoi buffoni combattono meglio dei suoi soldati.

6. Notano la bellezza delle torri.

7. La religione dei Tartari insegna che le cose dei morti non si toccano.

8. Sono cani feroci e molto veloci.

9. Un cane attacca il leone davanti e l'altro cane di dietro.

10. Il cacciatore colpisce il leone con le frecce.

(*b*)

1. No, il Gran Khan non costruisce le due torri, un re prima di morire ha fatto costruire queste torri.

2. Sì, una torre è d'argento.

3. No, l'altra torre non è di perle e d'oro.

4. No, il fiume Yang-tse-Kiang non è in Giappone è nella provincia di Caragian.

5. Sì, nei boschi di Gaindu ci sono leoni, lupi, orsi, cervi e capre.

6. No, la bocca dei serpenti colubri non è piccola, è così grande che può inghiottire un uomo.

7. No, le torri di Mien non sono brutte, sono di una bellezza favolosa.

8. Sì, il nuovo re di Mien dichiara guerra al Gran Khan.

9. No, l'esercito del Gran Khan non è organizzato da principi, è organizzato da buffoni, giocolieri e saltimbanchi.

10. Sì, i buffoni del Gran Khan conquistano il regno di Mien.

11. No, i cacciatori di Cuigin non cacciano i leoni con due capre, cacciano i leoni con due cani feroci e molto veloci.

12. Sì, i leoni sono cacciati per le pelli.

(*a*)

1. Il re dei Mangi è molto ricco, solo il Gran Khan è più ricco di Tù-Tsong.

2. Gli astrologhi avevano detto:—Sire un giorno perderete il vostro regno a causa di un guerriero che ha cento occhi.

3. Il Gran Khan manda Baian a conquistare il regno dei Mangi.

4. Vuol dire "Baian dai cento occhi".

5. Il re dei Mangi non è un buon guerriero.

6. Ricorda la profezia degli astrologhi.

7. L'ultima città che si arrende è Sanianfù.

8. È circondata da lagune profonde.

9. L'assedio dura tre anni.

10. I Polo costruiscono tre catapulte. Dopo mettono le catapulte davanti alle mura. Le pietre di trecento libbre distruggono molte case.

(*b*)

Il re è molto ricco—Il suo regno—Il tuo regno—Il Gran Khan è più ricco del re dei Mangi—I suoi soldati conquistano dodici città.
La città prepara la sua difesa
La regina domanda al suo ministro
Baian dice ai suoi generali
L'ultima città—Una lezione molto utile.

CHAPTER 16

(*a*)

1. Un grande fiume e molti canali attraversano la citta.

2. Le navi dei mercanti navigano sotto gli archi dei ponti.

3. A Chinsai ci sono dodicimila industrie. Ogni industria ha dodicimila botteghe.

4. Per insegnare il mestiere ai giovani.
5. Il lago è largo trenta miglia. Sulle sue rive ci sono le ville dei signori e i templi degli dei. Al centro del lago ci sono due isole.
6. Ogni isola ha un bellissimo palazzo con grandi sale da ricevimento.
7. Tutte le persone che vogliono fare una festa, o un banchetto di nozze, vanno in questi palazzi.
8. Le case dei quartieri popolari sono di legno e c'è sempre pericolo di un incendio.
9. La vedetta colpisce con un bastone un grosso gong, e i pompieri corrono.
10. La polizia mantiene l'ordine nella città.
11. Un bambino quando nasce riceve il certificato di nascita.
12. Gli abitanti di Chinsai lavorano fino al tramonto. Poi dimenticano il lavoro e vanno a divertirsi fino a tardi. Sono persone allegre e spesso organizzano grandi feste all'aperto.

(b)

(a)

1. Marco Polo è diventato primo ministro del Gran Khan.
2. Dopo diciassette anni alla corte del Gran Khan vogliono ritornare a Venezia.
3. La malattia di Marco è la nostalgia della patria.
4. Solo il ritorno in patria curerà la malattia di Marco.
5. Sono prigionieri dell'affetto del Gran Khan.
6. Tempeste di pioggia e di vento affondano metà delle navi.
7. Sull'isola di Sumatra Marco vede i primi cannibali.
8. Gli alberi producono vino e farina.

(b)

The Polo men are able to return to Venice when they must accompany one of the Tartar princesses, Alicin, to Persia. Since neither the Persians nor the Tartars are good navigators, Marco convinces the Gran Khan that they are the only suitable escorts for her. From Persia they will be able to make their way to their own country.

(c)

1. Marco risponde:—(Sì) sono malato.
2. Khubilai domanda:—Dimmi il nome della medicina.
3. Marco dice:—Solo il ritorno a Venezia curerà la mia tristezza.
4. Il Gran Khan risponde a Marco:—Ho bisogno del tuo consiglio.
5. Marco dice:—Noi veneziani siamo esperti naviganti.

CHAPTER 18

(a)

1. È la stagione dei monsoni.
2. Gli abitanti sono di religione buddista.

3. I Bramini sono i sacerdoti di questa religione.
4. I Bramini non mangiano carne e non bevono vino, mangiano soltanto riso e bevono soltanto latte. Inoltre, ogni mese, bevono una bevanda fatta di zolfo e mercurio.
5. Il dio dei Bramini è Budda.

(*b*)
1. Sagamoni Barcan was the only son of a rich and powerful king.
2. The old king was troubled because the boy had no love for riches and pleasure.
3. He therefore built a marvelous palace and filled it with young nobles, who spent their time singing and dancing.
4. One day, Sagamoni left the palace never more to return because he had learned about old age and death.
5. He went searching for he who will never grow old nor die.
6. The old king had a gold statue made in memory of his son.
7. The people of Maabar called Sagamoni "Budda" (the Enlightened One) and adored him like a god.

(*c*)
1. Suo padre era preoccupato per il regno.
2. Allora costruì un palazzo meraviglioso.
3. I giovani cantavano e ballavano per lui.
4. Il principe domandò se tutti diventavano vecchi.
5. Sagamoni tornò a casa molto triste.
6. Lasciò il palazzo e infine arrivò nell'isola di Ceylon.
7. Salì su un'alta montagna.
8. Dopo poco tempo morì.
9. Gli abitanti di Maabar adorarono Sagamoni come un dio.
10. Lo chiamarono Budda.

(*a*)

1. Il viaggio dura diciotto mesi.
2. Il re di Persia riceve i Polo con molto onore.
3. La principessa vive nella Gran Turchia.
4. Questa principessa è famosa per la sua forza e bellezza.
5. Luna Lucente è così forte che nessuno può batterla in duello.
6. Ha promesso a suo padre di sposare il cavaliere che la batterà a duello.
7. Se vince, sposa la principessa, se perde paga cento cavalli alla principessa.
8. Un giorno un principe famoso arriva al castello di Caidù.
9. Pumar è il miglior principe dell'Occidente.

(*a*)

1. A Nord della Gran Turchia.
2. Nella "Valle Oscura" non c'è mai sole, né luna, né stelle, ma è sempre notte buia.
3. Gli abitanti sono molto pallidi e selvaggi. Non hanno re, né regina, né governo. Vivono di caccia e hanno molte pelli preziose.
4. I predoni tartari rischiano la vita per cacciare gli animali da pelliccia.
5. I predoni non perdono mai la strada perché portano con loro delle giumente con dei puledri appena nati. Poi lasciano i puledri fuori della valle. Al ritorno le giumente seguono l'istinto e vanno nel posto dove hanno lasciato i puledri.
6. Vicino alla "Valle Oscura" c'è la Russia.
7. La Russia è molto fredda. In Russia ci sono molte miniere d'oro e d'argento.

8. I Polo, dopo venticinque anni, rivedono Venezia.
9. I Polo mostrano ai parenti veneziani il tesoro d'oro e d'argento che hanno portato dall'Oriente.
10. Credevano che fossero morti in Oriente.

VOCABULARY

A

a, *at, to*
abbagliante, *dazzling*
abbastanza, *enough*
l'abitante, *inhabitant*
abitare, *to live, to inhabit*
accendere, *to light*
acceso, a, *lit, lighted*
accettare, *to accept*
accompagnare, *to accompany*
accompagnato, *accompanied*
accumulare, *to accumulate*
accumulato, a, *accumulated*
l'acqua, *water*
adesso, *now*
adorare, *to worship, adore*
adorarono, *they worshipped*
l'adoratore, *worshipper*
l'affetto, *affection*
affilato, *sharp*
affondare, *to sink*
aguzzo, a, *pointed*
aiutare, *to help*
l'aiuto, *help*
l'alba, *dawn*
l'albergo, *hotel*
l'albero, *tree*
alcuno, a, *some, someone*
l'alleato, *ally*
allegro, a, *cheerful*
allora, *then*
l'alluvione, *flood, deluge*
almeno, *at least*
alto, a, *tall, high*
altro, *other*
alzarsi, *to get up*
amare, *to love, like*
amava, *he loved, liked*
l'ambasciata, *Embassy, message*

l'ambasciatore, *ambassador*
ammirare, *to admire*
anche, *also*
ancora, *yet, again*
andare, *to go*
andrai, *you will go*
l'angelo, *angel*
l'anima, *soul*
l'anno, *year*
ansioso, a, *anxious*
anzi, *on the contrary, rather*
aperto, a, *open*
appena, *scarcely*
l'apprendista, *apprentice*
l'apprendistato, *apprenticeship*
apprezzare, *to appreciate*
aprile, *April*
aprire, *to open*
aprono, *they open*
l'arabo, *Arab*
l'arca, *Ark*
l'arciere, *archer, bowman*
l'arco, *bow*
ardente, *burning*
ardere, *to burn*
l'argento, *silver*
l'armata, *army*
armato, *armed*
arrendersi, *to surrender*
arrivare, *to arrive*
arrivò, *he arrived*
artificiale, *artificial*
ascoltare, *to listen to*
aspettare, *to wait*
l'assassino, *assassin*
assediare, *to besiege*
l'assedio, *siege*
assegnato, a, *assigned*
l'astuzia, *cunning*

attaccare, *to attack*
attentamente, *carefully*
attraversare, *to cross*
attraverso, *across*
avaro, *mean*
l'avaro, *miser*
l'avventura, *adventure*
aveva, *he had*
avevano, *they had*
avvicinarsi, *to approach*
avvisare, *to warn, to advise*
azzurro, *blue*

B

il bagno, *bath*
la banca, *Bank*
il banchetto, *feast*
la banconota, *banknote*
la banda, *gang*
la bandiera, *flag*
il bandito, *bandit*
basato, a, *based*
la base, *base, basis*
la bastonata, *blow*
la battaglia, *battle*
batterà, *he will beat*
battere, *to beat*
batterla, *beat her*
battuto, *beaten*
bello, a, *beautiful*
la bellezza, *beauty*
bellissimo, a, *very beautiful*
bene, *well*
benvenuto, a, *welcome*
bere, *to drink*
la bestia, *beast*
il bestiame, *cattle*
la bevanda, *drink*
bevendo, *drinking*
bianco, a, *white*
il bicchiere, *glass*
biondo, a, *fair*
il bisogno, *need*
blocco, *block*
il bollo, *seal*
la bontà, *goodness*

il bosco, *wood, forest*
la bottega, *shop, workshop*
il bramino, *Brahmin*
bravo, a, *capable, clever*
breve, *brief*
il brigante, *brigand*
brillare, *to shine*
la brocca, *jar*
bruciare, *to burn*
brutto, a, *ugly*
buddista, *buddhist*
il buffone, *jester*
buono, a, *good*
buio, a, *dark*
il buio, *darkness*

C

cacciare, *to hunt*
il cacciatore, *hunter*
la calamità, *calamity*
il caldo, *heat*
il califfo, *caliph*
il calore, *warmth*
cambiare, *to change*
il cammello, *camel*
camminare, *to walk*
il campanello, *bell*
il cane, *dog*
il cannibale, *cannibal*
il cantante, *singer*
il canto, *song*
cantavano, *they were singing*
capire, *to understand*
capiscono, *they understand*
la capitale, *capital*
capito, *understood*
la capra, *goat*
il carbone, *coal*
il cardinale, *cardinal*
la carica, *charge*
la carne, *meat*
la carovana, *caravan*
il carovaniere, *caravan-man*
la casa, *house*
il casale, *hut*
celebrare, *to celebrate*

cento, *hundred*
centocinquanta, *hundred-fifty*
centomila, *hundred-thousand*
centrale, *central*
il centro, *center*
cercando, *looking for*
cercare, *to look for*
il certificato, *certificate*
il cervo, *stag*
che, *what, that, which*
chi, *who*
chiamare, *to call*
chiamarono, *they called*
chiamerò, *I shall call*
il chicco, *grain*
chiedere, *to ask*
la chiesa, *church*
il chilometro, *kilometre*
il cibo, *food*
il cielo, *sky*
la cima, *top, peak*
la cintura, *belt*
circolare, *to circulate*
circondare, *to enclose, surround*
circondato, a, *surrounded*
la città, *city*
il cittadino, *citizen*
il cognome, *surname*
la collina, *hill*
il collo, *neck*
la colonna, *column*
colpito, a, *hit*
il colpo, *blow*
colui, *he*
il comando, *order*
combattere, *to fight*
la combinazione, *combination*
come, *how*
cominciare, *to start*
commerciale, *commercial*
commerciare, *to trade*
il commercio, *commerce*
commesso, a, *committed*
il compagno, *comrade, friend*
il compito, *task*
il compleanno, *birthday*

comprare, *to buy*
comunque, *however*
con, *with*
il confine, *border*
confortevole, *comfortable*
la confusione, *confusion*
conoscere, *to know*
conquistare, *to conquer*
il consiglio, *advice*
consultare, *to consult*
contenere, *to contain*
contento, a, *glad*
il continente, *continent*
contrario, a, *contrary*
il contratto, *contract*
contro, *against*
convertire, *to convert*
convinto, a, *convinced*
la corte, *court*
il corpo, *body*
la cosa, *thing*
così, *so*
la costellazione, *constellation*
costui, *he, this man*
il costume, *usage, custom*
creare, *to create*
credere, *to believe*
crescere, *to grow*
il criminale, *criminal*
cristiano, a, *Christian*
Cristo, *Christ*
la croce, *cross*
crollare, *to crash, to collapse*
crudele, *cruel*
il cugino, *cousin*
il cuore, *heart*
curare, *to cure, heal*
curerà, *he will heal, cure*

D

da, *from*
dà, *he gives*
il danno, *damage*
danneggiare, *to damage*
dare, *to give*
darò, *I will give*

92

davanti, *in front of*
debbono, *they must, they have to*
decidere, *to decide*
decimo, a, *tenth*
la decisione, *decision*
deciso, a, *decided*
decorato, *decorated*
gli dei, *gods*
il delitto, *crime*
delizioso, a, *delicious*
il denaro, *money*
il dente, *tooth*
dentro, *inside*
dottore, *doctor*
(tu) detti, *you dictate*
detto, *said*
il deserto, *desert*
descrivere, *to describe*
la desolazione, *desolation*
la destinazione, *destination*
la destra, *right*
devastato, a, *devastated*
devono, *they must*
di, *of*
dice, *he says*
dichiarare, *to declare*
di dietro, *behind*
dieci, *ten*
diecimila, *ten thousand*
la dieta, *diet*
difendere, *to defend*
la difesa, *defence*
digli, *tell him*
dimmi, *tell me*
dimostrare, *to demonstrate*
la dinastia, *dynasty*
dintorni, *neighborhood*
diretto, a *direct, straight*
disciplinato, a, *disciplined*
discutere, *to discuss*
la distanza, *distance*
distruggere, *to destroy*
disturbare, *to disturb*
diventare, *to become*
diventò, *he became*
dividere, *to divide*

diviso, a, *divided*
dolce, *sweet*
la domanda, *question*
domandare, *to ask*
domandò, *he asked*
domestico, a, *domestic, tamed*
il dominio, *dominion*
il dono, *present*
dopo, *after*
dormire, *to sleep*
dove, *where*
dovere, *to have to, must*
il duello, *duel*
durante, *during*
durare, *to last*
duro, a, *tough*

E

e, *and*
è, *is*
l'elefante, *elephant*
eleggere, *to elect*
eleggono, *they elect*
egli, *he*
l'elezione, *the election*
eliminare, *to eliminate*
entrare, *to enter*
l'entrata, *entrance*
era, *he was*
erano, *they were*
l'esercito, *army*
esistere, *to exist*
esperto, a, *expert*
esplodere, *to explode*
essa, *it, she*
essere, *to be*
essi, *they*
l'estate, *summer*
eterno, a, *eternal*
l'evento, *event*
evitare, *to avoid*

F

la fabbrica, *factory*
fabbricare, *to manufacture*
facilitare, *to facilitate*

93

facilmente, *easily*
il **falegname**, *carpenter*
falso, a, *false*
la fame, *hunger*
la famiglia, *family*
il fango, *mud*
fantastico, a, *fantastic*
farai, *you will do*
fare, *to do, to make*
la farina, *flour*
la fatica, *tiredness, fatigue*
faticoso, *heavy, tiring*
fatto, a, *done, made*
favoloso, a, *fabulous*
favorevole, *favorable*
fedele, *faithful*
felice, *happy*
il feltro, *felt*
ferire, *to wound*
la ferita, *wound*
feroce, *ferocious*
la festa, *holiday*
festeggiare, *to celebrate*
la fiamma, *flame*
il fiele, *gall, bile*
la figlia, *daughter*
la fila, *line, queue*
la fine, *end*
finire, *to finish*
il fiore, *flower*
fiorito, a, *blossomed*
il fiume, *river*
la flotta, *fleet*
il fondo, *bottom*
formare, *to form*
la formazione, *formation*
forse, *perhaps*
la fortuna, *fortune*
fra, *between, among*
fragrante, *fragrant*
il fratello, *brother*
la freccia, *arrow*
fresco, a, *fresh, cool*
frequente, *often*
la frutta, *fruit*
fuggire, *to run away*

fuggito, *escaped*
fuggono, *they run away, escape*
il fuoco, *fire*
fuori, *outside*
il furto, *theft*

G

il generale, *general*
Genova, *Genoa*
il genovese, *Genoese*
Gesù, *Jesus*
gettare, *to throw*
gettiamola, *let us throw it*
il ghiaccio, *ice*
il giardino, *garden*
il giocoliere, *jester*
il gioiello, *jewel*
la giornata, *day*
il giorno, *day*
il giovane, *youth*
la gioventù, *youth*
girare, *to go around*
la giumenta, *mare*
la giungla, *jungle*
giusto, a, *right*
il golfo, *gulf*
gli, *to him, the*
governato, a, *governed*
il grido, *shout, cry*
la groppa, *back*
grosso, a, *big*
la grotta, *cave*
il guardiano, *guardian*
la guerra, *war*
il guerriero, *warrior*
gridare, *to shout*

I

l'idea, *idea*
identico, a, *identical*
il, *the*
illuminato, *enlightened*
imparare, *to learn*
imparato, a, *learned*
l'impero, *empire*

94

impiegare, *to employ*
in, *in*
incantato, a, *enchanted*
l'incendio, *fire*
l'incenso, *incence*
incontrare, *to meet*
incontrarono, *they met*
indiano, a, *Indian*
l'indicazione, *indication*
indietro, *behind*
indimenticabile, *unforgettable*
indossare, *to wear*
l'industria, *industry*
industriale, *industrial*
infatti, *in fact*
l'infedele, *infidel*
infernale,.*hellish*
infilzato, *pierced through*
inghiottire, *to swallow*
inoltre, *besides, moreover*
inospitabile, *inhospitable*
insieme, *together*
l'istinto, *instict*
intanto, *meanwhile*
intelligente, *intelligent*
l'intenzione, *intention*
interessare, *to interest*
l'interno, *interior*
intero, a, *whole, total*
intervenire, *to intervene*
intorno, *around, about*
invece, *instead*
l'inverno, *winter*
invitare, *to invite*
invitò, *he invited*
l'isola, *island*

L

laggiù, *down there*
il lago, *lake*
la laguna, *lagoon*
la lampada, *lamp*
largo, a, *wide*
lasciare, *to quit*
lasciò, *he left*
latino, *Latin*

il latte, *milk*
lavorare, *to work*
il lavoro, *work*
legare, *to tie*
legarsi, *to tie oneself*
la legge, *law*
il legno, *wood*
il leone, *lion*
lentamente, *slowly*
la lettera, *letter*
li, *them*
lì, *there*
la libbra, *pound*
liberamente, *freely*
libero, *free*
il libro, *book*
la lingua, *tongue*
litigare, *to fight*
lontano, a, *far*
loro, *they, them*
la luna, *moon*
lungo, *long*
il luogo, *place*
il lupo, *wolf*

M

ma, *but*
la macchina, *machine*
maggiore, *larger, the eldest*
magico, a, *magic*
magnifico, a, *magnificent*
mai, *never*
malamente, *badly*
il malato, *sick man*
malato, a, *sick*
(a) malincuore, *unwillingly*
malvagio, a, *wicked*
la malvagità, *wickedness*
mandare, *to send*
mangiare, *to eat*
manifestare, *to manifest*
mantenere, *to uphold*
Maometto, *Mohammed*
la marcia, *march*
il Mare Mediterraneo, *Mediterranean Sea*

95

il marito, *husband*
il marmo, *marble*
massimo, a, *maximum*
il masso, *rock*
il matrimonio, *wedding*
la medicina, *medicine*
il medico, *doctor*
medio, a, *middle*
il Medio Oriente, *Middle East*
melodioso, a, *melodious*
la memoria, *memory*
le memorie, *memories*
il mendicante, *beggar*
mentre, *while*
la meraviglia, *marvel, wonder*
meraviglioso, a, *marvelous*
il mercante, *merchant*
il mercato, *market*
meritare, *to deserve*
meritava, *he deserved*
il mercurio, *mercury*
il messaggio, *message*
messo, a, *put*
il mestiere, *trade*
il mestolo, *ladle*
la metà, *half*
il metro, *metre*
mettere, *to put*
mezzo, a, *half*
le miglia, *miles*
migliaia, *thousands*
il miglio, *mile*
la miniera, *mine*
il ministro, *minister*
il miracolo, *miracle*
la mirra, *myrrh*
il missionario, *missionary*
la missione, *mission*
la misura, *measure*
il modo, *manner, way*
la moglie, *wife*
molto, *much*
la moneta, *money*
il mongolo, *mongol*
il monsone, *monsoon*
la montagna, *mountain*

morì, *he died*
morire, *to die*
moriva, *he was dying*
il morso, *bite*
morto, a, *dead*
il morto, *dead*
la mosca, *fly*
mostrare, *to show*
mostruoso, a, *monstrous*
multicolore, *multicolor*
muovere, *to move*
le mura, *walls*
la musica, *music*

N

nascere, *to be born*
la nascita, *birth*
nativo, a, *native*
nato, a, *born*
la nave, *ship*
il navigante, *navigator*
navigare, *to navigate*
né . . . né, *neither . . . nor*
nel, *in the*
nemico, a, *unfriendly*
il nemico, *enemy*
nero, a, *black*
nessuno, *nobody*
nobile, *noble*
il nobile, *nobleman*
nomadi, *nomads*
il nome, *name*
nominare, *to nominate*
il nord, *north*
la nostalgìa, *homesickness*
notare, *to notice*
la notizia, *news*
la notte, *night*
nulla, *nothing*
nuovo, a, *new*
il numero, *number*
numeroso, a, *numerous*

O

l'oasi, *oasis*
obbligare, *to force*

l'occhio, *eye*
occidentale, *western*
occupare, *to occupy*
l'oceano, *ocean*
odiare, *to hate*
odiava, *he hated*
offeso, a, *offended*
l'oggetto, *object*
ogni, *each*
onesto, a, *honest*
onorare, *to honor*
l'onore, *honor*
l'operaio, *worker*
oppure, *or*
l'ora, *hour*
ora, *now*
l'ordinamento, *order*
l'ordine, *command*
organizzare, *to organize*
organizzato, a, *organized*
l'organizzazione, *organization*
l'oriente, *east*
ormai, *by now*
l'orso, *bear*
ortodosso, *orthodox*
oscuro, a, *dark*
ospitare, *to give hospitality*
l'ospite, *guest*
osservare, *to observe*
l'ostrica, *oyster*
ottava, *eighth*
ottimo, a, *best, excellent*

P

la pace, *peace*
il padre, *father*
il paesaggio, *landscape*
il paese, *town, village*
pagano, a, *pagan*
il pagliaccio, *clown*
il palazzo, *palace*
pallido, a, *pale*
la palma, *palm tree*
il palmo, *palm*
il palo, *pole*
il pane, *bread*

piantare, *to plant*
il papa, *pope*
il paradiso, *heaven*
la parata, *parade, show*
il parente, *relative*
la parete, *wall*
la partenza, *departure*
parlare, *to speak*
la parola, *word*
partire, *to leave*
il passato, *past*
la pasta, *pasta*
la patria, *homeland*
il patto, *pact*
la partita, *match*
il pavimento, *floor*
la pelle, *skin*
la pelliccia, *fur*
la pena, *punishment, penalty*
per, *for*
perché, *because, why*
il pericolo, *danger*
pericoloso, a, *dangerous*
il perimetro, *perimeter*
il periodo, *period*
però, *however*
il permesso, *permit*
il pesce, *fish*
pescare, *to fish*
il pescatore, *fisherman*
il pezzo, *piece*
la pianura, *plain*
il piacere, *pleasure*
pianse, *he cried*
la piastra, *plate, tablet*
piccolo, a, *little*
il piede, *foot*
pieno, a, *full*
la pietra, *stone*
la pietruzza, *little stone*
la pioggia, *rain*
la pista, *track*
più, *more*
piuttosto, *rather*
poco, a, *little*
poi, *then*

la polvere, *dust*
il pompiere, *fireman*
il ponente, *west*
la popolazione, *population*
il popolo, *people*
portare, *to carry, wear, take*
portato, *carried, worn*
porteremo, *we shall carry, take*
possiamo, *we can*
il posto, *place*
potere, *to be able, can*
potente, *powerful*
potuto, *was able*
il povero, *poor*
il pozzo, *well*
il pranzo, *dinner*
il prato, *meadow*
il predone, *plunderer*
la preghiera, *prayer*
prendere, *to take*
preoccupato, a, *worried*
preparare, *to prepare*
prezioso, *precious*
la prigione, *prison*
prima, *before*
primo, a, *first*
principale, *main*
il principe, *prince*
la principessa, *princess*
la processione, *procession*
produrre, *to produce*
il profeta, *prophet*
la profezia, *prophecy*
profondo, a, *deep*
la profondità, *depth*
promesso, a, *promised*
promettere, *to promise*
pronto, a, *ready*
proporre, *to propose*
proprio, *really, exactly*
la protesta, *protest*
la provincia, *province*
la provvidenza, *providence*
le provviste, *provisions*
prudente, *careful*
pubblico, a, *public*

la pulce, *flea*
il puledro, *colt*
punire, *to punish*
può, *he can*

Q

quadrato, a, *square*
il quadro, *portrait*
qualche, *some, a few*
la qualità, *quality*
quando, *when*
quanto, *how*
quaranta, *forty*
il quartiere, *suburb*
quattrocento, *four hundred*
quello, *that*
questo, *this*
quindi, *then, therefore*

R

rabbioso, a, *furious*
raccogliere, *to gather*
il raccolto, *harvest*
raccontare, *to tell*
radunare, *to assemble*
la ragazza, *girl*
il ragazzo, *boy*
il re, *king*
il recipiente, *vessel*
regalare, *to present*
reggere, *to support*
la reggia, *royal palace*
la regina, *queen*
la regione, *region*
il registro, *register*
regnare, *to reign*
regnato, *reigned*
il regno, *reign*
la religione, *religion*
religioso, a, *religious*
la repubblica, *republic*
la residenza, *residence*
la resistenza, *resistance, endurance*
resistere, *to resist*

resistito, *resisted*
restare, *to remain*
la ribellione, *rebellion*
la ricchezza, *wealth*
il ricevimento, *reception, to give a*
  party
la richiesta, *request*
ricoperto, *covered up*
riempire, *to fill*
riescono, *they succeed*
rifiutare, *to refuse*
rimanere, *to remain*
rimuovere, *to remove*
riparare, *to repair*
ripetere, *to repeat*
il riposo, *rest*
rischiare, *to dare*
il riso, *rice*
rispondere, *to answer*
rispose, *he answered*
la risposta, *answer*
ritornare, *to come back*
riuscire, *to succeed*
la riva, *bank*
rivedere, *to see again*
robusto, a, *robust*
rosa, *rose, pink*
rosso, a, *red*
rotolare, *to roll*
rotondo, *round*
rubare, *to steal*
il rubino, *ruby*
la ruota, *wheel*

S

il sacerdote, *priest*
sacro, *holy*
il saggio, *wise man*
la sala, *hall*
salato, *salted*
salì, *he climbed up*
il saltimbanco, *acrobat*
la salute, *health*
salvare, *to save*
il sangue, *blood*
sanno, *they know*

sapere, *to know*
il saraceno, *Saracen*
sarai, *you will be*
sarò, *I will be*
sarete, *you will be*
sbagliato, *mistaken*
sbarcare, *to land, disembark*
lo scambio, *exchange*
scappare, *to escape*
la scarsezza, *scarcity*
la scatoletta, *tin, box*
scherzare, *to joke*
lo scherzo, *joke*
scivolare, *to slip, slide*
la scintilla, *spark*
scoprire, *to discover*
scorrere, *to flow*
la scorta, *escort*
scritto, *written*
lo scrittore, *writer*
scrivere, *to write*
il secchio, *bucket*
il secolo, *century*
sedere, *to sit*
seduto, *seated*
segreto, a, *secret*
seguire, *to follow*
seguito, *followed*
selvaggio, *savage*
sembrare, *to seem*
sempreverde, *evergreen*
la senape, *mustard*
sentire, *to hear, feel*
senza, *without*
la sera, *evening*
il serpente, *snake*
servire, *to serve*
servito, *served*
il servitore, *servant*
il servo, *servant, serf*
sessanta, *sixty*
la seta, *silk*
la sete, *thirst*
sette, *seven*
settemila, *seven thousand*
settentrionale, *north, northerly*

severo, a, *severe*
la sfida, *challenge*
la siccità, *drought*
sicuro, a, *certain*
siete, *you are*
significare, *to signify*
significato, *meaning, sense*
il signore, *Sir* -
sincero, a, *sincere*
la sinistra, *left*
il sistema, *system*
situato, *situated*
sleale, *disloyal*
la slitta, *sledge*
smontare, *to dismount*
soddisfatto, *satisfied*
il soffitto, *ceiling*
soffrire, *to suffer*
il soggiorno, *stay*
solamente, *only*
il soldato, *soldier*
il sole, *sun*
solo, a, *alone*
soltanto, *only*
sopravvivere, *to survive*
la sorpresa, *surprise*
la sorte, *fate*
sospeso, a, *suspended*
la sosta, *rest*
sotto, *under*
sottoterra, *underground*
il sovrano, *sovereign*
la spada, *sword*
speciale, *special*
la specie, *species, kind*
spedirò, *I will send*
la speranza, *hope*
spesso, *often*
lo spettacolo, *spectacle*
le spezie, *herbs, spices*
lo spirito, *ghost*
splendente, *shining*
lo splendore, *splendor*
sporgente, *protruding*
sposare, *to wed*
sporsarla, *to marry her*

squisito, *exquisite*
la staffetta, *messenger*
la stagione, *season*
stanco, a, *tired*
la stanza, *room*
stare, *to stay*
stato, a, *been*
la stella, *star*
stesso, a, *same*
la stirpe, *race*
la storia, *history*
lo straniero, *foreigner*
strano, a, *strange*
stupido, *stupid*
subito, *at once*
succedere, *to happen*
succhiare, *to suck*
il succo, *juice*
il suddito, *citizen*
sufficiente, *sufficient*
suggerire, *to suggest*
il suonatore, *player*
il suono, *sound*
supremo, a, *supreme*
svegliarsi, *to wake up*

T

tagliare, *to cut*
tanto, a, *so, so much*
il tappeto, *carpet*
il tartaro, *tartar*
la tassa, *tax*
la tavola, *table*
la tempesta, *storm*
il tempio, *temple*
tenero, a, *tender*
la terra, *earth*
il terreno, *ground*
terribile, *terrible*
il territorio, *territory*
il tesoro, *treasure*
la testa, *head*
ti, *you*
tipo, *type*
tirato, a, *drawn*
il titolo, *title*

toccare, *to touch*
togliere, *to take away*
la tomba, *tomb*
il topazio, *topaz*
tardi, *late*
tornò, *he returned*
la torre, *tower*
tra, *between*
la traccia, *footprint*
il traditore, *traitor*
tradizionale, *traditional*
il tramonto, *sunset*
trasmettere, *to transmit*
trattare, *to treat*
traversare, *to cross*
tredici, *thirteen*
tremare, *to tremble*
trenta, *thirty*
triste, *sad*
trovare, *to find*
il tributo, *tribute*
tuffarsi, *to dive*
tuo, a, *your*
turco, a, *Turkish*
la Turchia, *Turkey*

U

ucciderli, *to kill them*
l'uccello, *bird*
uccidere, *to kill*
ucciso, a, *killed*
ultimo, a, *last*
umano, a, *human*
umido, a, *humid, damp*
umiliare, *to humiliate*
un, *a*
l'unghia, *nail*
l'uomo, *man*
l'usanza, *custom, usage*
usare, *to use*
usato, a, *used*
l'uscita, *exit*
l'uso, *use, usage*
utile, *useful*
l'uva, *grapes*

V

la valle, *valley*
il valore, *valor*
valoroso, a, *courageous*
il Vangelo, *Gospel*
vanno, *they go*
la varietà, *variety*
il vecchio, *old man*
vecchio, a, *old*
vedere, *to see*
la vedetta, *lookout man*
vedrete, *you will see*
il veicolo, *vehicle*
veloce, *speedy*
la vena, *vein*
Venezia, *Venice*
veneziano, a, *Venetian*
venivano, *they used to come*
venticinque, *twenty-five*
il vento, *wind*
ventotto, *twenty-eight*
venuto, a, *come*
veramente, *truthfully*
verde, *green*
verissimo, a, *very true*
vero, *true*
verso, *towards*
il vescovo, *bishop*
il vestito, *suit*
vi, *you*
la via, *street*
viaggia, *he travels*
viaggiato, a, *travelled*
il viaggiatore, *traveller*
il viaggio, *travel*
il viale, *boulevard*
vicino, a, *near*
vide, *he saw*
vincere, *to win*
il vino, *wine*
virtuoso, a, *virtuous*
visitando, *visiting*
visitare, *to visit*
vissero, *they lived*
vissuto, a, *lived*
la vita, *life*

la vittima, *victim*
la vittoria, *victory*
vivere, *to live*
viveva, *he lived*
vivevano, *they lived*
vivo, a, *alive*
la voce, *voice*
vogliamo, *we want*
volere, *to wish, want*
voleva, *he wished, wanted*

la volta, *time*
il volto, *face*
vostro, a, *your*
vuole, *he wants*

Z

lo zaffiro, *sapphire*
la zampa, *paw*
lo zolfo, *sulphur*
la zona, *zone, area*